U0804476

悦读韩国

访学归来话韩国

YUE DU HAN GUO

黄朴民 著

마당에 들어서면

서애 유성룡 선생의 증손인 유만하가 1624년 충효당에서 분가할 때 지은 집으로 그의 아들 유후장이 중축하였다.

영모각(永慕閣)은 충효당내에 있는 서애 유성룡 선생의 유물전시관이다. 국보 제132호인

징비록 을 비롯하여 교지와 교서 등 나라로부터 받은 것과 평상시에 사용했던 유품들이 전시되어 있다.

齊魯書社

目 录

梦幻历史

历史魔方：第二次韩国历史文化游漫记

——增进彼此交流与理解的目的

基于让受邀赴韩访学的亚洲各国学者更多了解韩国的历史，培养对韩国文化传统的好感，增进彼此交流与理解的目的，韩国“SK”集团属下的“韩国高等教育财团”，每年都要组织三次“韩国历史文化旅游”活动。这类活动，不但期待和欢迎访问学者本人积极参加，而且也允许其家属陪同出席（如果活动举行时他或她的家属恰好正在韩国“逍遥”的话），全程免费，轻松享受，教人充分感受了活动主办方的办事魄力和待客热忱。

这其中，第二次文化旅游活动一般安排在每年的四月份，地点是距离首尔不远的忠清南道（大约两个小时的车程），时间为一天。这也算是多年一贯制了。至于活动的项目，则有四个（按参观顺序排）：一、游览瑞山市云山面龙贤里的瑞山摩崖三尊佛像；二、凭吊礼山郡德山面柿梁里的尹奉吉忠义祠；三、参观德山面境内的修德寺（有的游览资料中又称为寿德寺，估计是手民的误植）；四、瞻仰牙山市盐峙邑白岩里的李舜臣显忠祠。

在这四项参访活动中，第二项与第四项无疑是重点，至于第一项与第三项，更多是属于陪衬而已。忠义祠祀奉的是著名志士尹奉吉的英灵，显忠祠纪念的是朝鲜历史上伟大民族英雄李舜臣的殊勋。所以，我们这些中国访问学者私底下都把这次文化旅游活动称之为“接受韩国爱国主义和革命传统教育之旅”。其实，韩国人自己也是把忠义祠、显忠祠所在的忠清南道视之为爱国精神孕育之乡的，其有关忠清南道的定位，在相关旅游信息资料中就是这样表述的：“忠清南道继承了百济既温和又大义凛然的气质，该地区到处散落着祖先的文化遗产和护国忠节的灵魂。”

2006～2007年度的“韩国高等教育财团”访问学者的第二次韩国历史文化旅游，定在了2007年的4月28日。那天清晨六时，我和一同寄寓于高丽大学“IFH”馆的其他四名中国学者，抓住公鸡尾巴赶一大早，匆匆下山，到安岩洞乘坐地铁6号线到新堂转乘地铁2号线，直奔位于江南驿三的“韩国高等教育财团”大楼，在那里与其他同期国内及亚洲各国学者会合。上午八时，装载我们这些人的大巴准时发车，向忠清南道方向疾驶而去。

乘坐在舒适洁净、宽敞明亮的豪华巴士上，享受着财团为大家预先准备的早餐——紫菜包饭，喝着罐装咖啡、可口可乐、芬达汽水饮料（韩国人做任何事都是那么细心认真，简直可以用“无微不至”四字来形容）；观览着车窗外郁郁葱葱、美丽如画的山山水水，真的是心旷神怡、其乐陶陶。

时间在不知不觉中很快过去，一个多小时后，我们来到了第一站。下巴士走上一段不算太远的山道，眼前出现的就是“瑞山摩崖三佛像”。

“瑞山摩崖三佛像”或许在韩国有一定的名气，因为韩国旅游发展局印发的“韩国旅游指南”也把它列为重要的观光景点，大力推荐。不过乍一看，却让我们这些曾经领略过洛阳龙门石窟、大同云冈石窟、敦煌麦积山石窟以及乐山大佛、大足石刻风采的中国学

“百济的微笑”——瑞山摩崖三佛像

者不免有些失望：这瑞山摩崖三尊佛像也太不显山露水了！中间的本尊佛如来立像，仅仅有2.8米高度，左侧的观世音菩萨立像和右侧的半伽思惟立像则更是低矮，分别只有1.7米和1.66米，而在四周空旷原野的巨大背景衬托之下，这些佛像看上去似乎又低矮了一大截。同行的学者中有人戏谑地称说：古代的韩国曾经是我们中央天朝大国的藩属国，很注意摆正自己恰当的位置，不敢逾制越轨，这在佛像的雕塑上同样不会僭越，所以，佛像才会小上几号。

关于它们的建造时期，好像也是一桩混沌不清的公案，“韩国旅游手册”上称：“据推测（请注意“推测”两字，这等于是拍脑袋、凭想象给历史文物断代，毫无可信性），是百济末期的7世纪初建造的”。而当地现场的文物展示牌上的介绍文字，则说是其建造时间相当于中国魏晋南北朝的北魏时期，又提前了一二百年的时间，其实这是更没有谱的说法。即使是北魏时期的文物，在我们中国人眼里，也算不得是什么稀罕东西，这样档次的文物宝贝，泱泱中华大地上可是多得去了。（当然，咱们在“文革”岁月里，毁掉的文物宝贝同样也是多得去了！说起这些，恐怕更没面子吧。）

“旅游指南”手册上还说：“从三尊佛像的满面笑容（这种笑容又被誉为‘百济的微笑’），便可以看出当时百济人和谐浪漫的性格。佛像根据光线照射角度不同，笑容也略有不同，当时百济人的雕刻艺术之高，由此可见一斑。”这段说明文字也同样有点儿大言炎炎的味道，至少我们数十号人看了许久，谁也不曾看出“笑容略有不同”的任何端倪来，更无法形成所谓“雕刻艺术之高”的印象。

当然，瑞山摩崖三尊佛像也有它的特色，一是观音是男身，这符合佛经上的原始记载，也表明佛像建成的历史不会太短（韩国其他地方的观音造像跟中国一样，也是女身）；二是佛如来等三像无威严、一本正经相，没有高高在上的样子，而呈示出和蔼亲切、食人间烟火的形象，有比较浓厚的人文色彩，说它是“百济的微笑”也不是没有一星半点的道理，这多少给人以亲近自然的感觉。尽管如此，韩国人把它列为国家古迹第84号（类似于我们中国的全国文物重点保护单位），虽说是高度重视对自己历史文化遗产保护的体现，但是另一方面也显得有些夸张，用一个不尽惬当的词语来形容，就是“小题大做”。

礼瞻瑞山摩崖三尊佛像结束，大巴士又把我们拉载到纪念韩国现代著名抗日义士尹奉吉的忠义祠。

尹奉吉，号梅轩，韩国忠清南道礼山郡人氏，1908年6月21日出生，是家中五子二女中的长子。据称他19岁时便参与以反抗日本殖民统治为宗旨的“农村复兴运动”，为日本殖民统治者所不容，故于1930年辗转流亡到中国。1932年4月29日，尹奉吉携带水壶型炸弹，悄悄潜入日本人在上海虹口公园举办的天长节兼战胜纪念祝贺仪式现场，孤注一掷，伺机实施爆破，当场炸死日居流民会会长河端与日本占领军白川司令，重伤多人（看来这炸弹威力颇不小呀），尹奉吉自己则视死如归，当场被捕。

当年5月25日，日本人在上海军法会议上判处尹奉吉死刑，并于同年12月19日执行。是年，尹奉吉25岁，韩国人称之为“壮烈殉国”。1945年，韩国摆脱日本殖民统治独立建国后，尹奉吉的遗骸被迁移回韩国本土，以国民葬仪式安葬于首都汉城（今称首尔）的孝昌公园之内。

在广大韩国民众的心目中，尹奉吉是典型的抗日爱国义士，不折不扣的民族英雄，所以敬仰有加，纪念不辍。礼山郡的尹奉吉忠义祠，就是在这么一种高涨的全民爱国热忱氛围中，于1968年隆重兴建的，当时的大韩民国总统朴正熙曾亲自参加竣工仪式及义举纪念活动。1972年，尹奉吉忠义祠被正式指定为韩国第229号史迹及第568号宝物。此后，忠义祠又经过多次缮修、扩充，遂形成了我们今天所见到的格局和规模。

目前的忠义祠是一座庞大的建筑群体，主要的纪念馆所有：供奉尹奉吉灵位的本殿、尹奉吉出生后曾居住四年的生家（光显堂）、4岁时移住直到其23岁流亡中国前所居住的成长家（抵韩堂）、纪念馆、十一景图室、尹奉吉语录碑、纪念塔、纪念碑、包袱商遗品展示馆，等等。

这中间，纪念馆是整个纪念建筑群的重点，它陈列着56种尹奉吉的遗物，并免费赠送韩、英、中、日等多种文字的尹奉吉事迹介

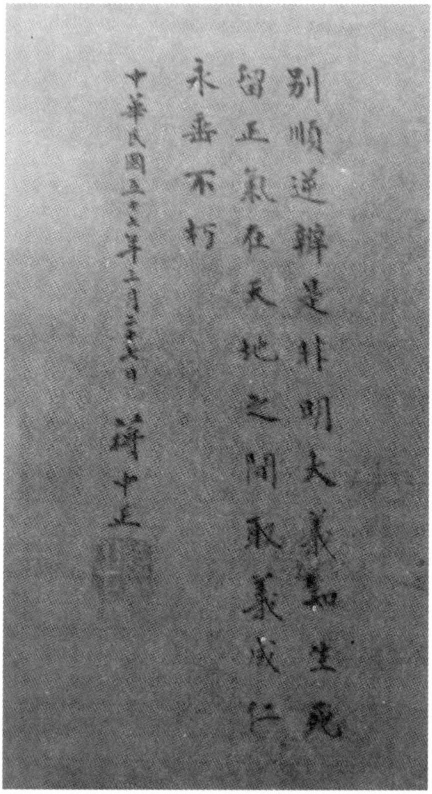

蒋介石为尹奉吉所题词

绍手册。让我们中国人感到特别有意思的是，这里面还很郑重其事地展出了蒋介石的题词：“壮烈千秋”。仔细一想，蒋介石这么做也并不奇怪，他在早年也曾奉其上司陈其美之命，在上海广慈医院暗杀了光复会领袖、辛亥革命功臣陶成章，给在同盟会中有时闹点独立性的光复会以摧毁性的打击，使得革命团体内部从此再无人有胆量挑战“老大”的权威。所以，蒋介石本人对暗杀的行为有“同情之理解”和天然的亲切感。尽管他的行为与尹奉吉的暗杀日本侵略者义举在性质上根本不同，但毕竟采用的手段实有一致之处，这叫做“惺惺惜惺惺”！

尹奉吉刺杀日本侵略军司令的做法，站在饱受日本殖民统治苦难的韩国人民立场，无疑是正义合理的，在当时也起到了打击日本侵略者嚣张气焰、振奋韩国抗日义士斗争精神的作用，韩国人建造忠义祠加以纪念，褒奖和弘扬其反抗侵略的爱国情操也理有固宜。

然而，历史的吊诡与逻辑的悖论是，今天却有人（恐怕为数还不少）又把巴勒斯坦人用人肉炸弹与以色列人作斗争的行为，看成是恐怖主义，这就多少有些矛盾了：以色列侵占巴勒斯坦土地，使得大批巴勒斯坦民众沦为难民，颠沛流离，与当年日本人侵占朝鲜，搞殖民统治，在问题性质上是基本相似的。巴勒斯坦人要赢得自己的合法权益，自然有权力自由选择反抗、斗争的方式和手段，在正面无力与强大对手交锋、打“堂堂正正之阵”情况下，这手段似乎就很难把“下三滥”的“人体炸弹”的选择排除出去，这在今天的军事学术界，有一个很时髦的提法，即所谓的“非对称作战”，算是某些军事学“权威”所喋喋不休反复称道的“超限战”之一种吧。

尹奉吉在上海虹口公园搞爆炸，情况颇为类似。如果说，当年尹奉吉的爆炸行为是义举，那么，今天巴勒斯坦人的做法同样是可以理解了，甚至是“无可厚非”了。一样的道理，如果指认今天巴勒斯坦人的行为为“恐怖主义”，那么，当年尹奉吉的做法似乎也难逃搞“恐怖活动”的嫌疑，而显然，这是我们所根本无法接受的，韩国人民更是绝对不能同意的。

总之，“恐怖主义”的“恶谥”绝对不能任意定性、随便套用，更不宜厚此薄彼、桃代李僵，否则真的会像李零教授所说的那样，是“恐怖主义一锅粥”了（见《中国历史上的恐怖主义：刺杀和劫持》，载《花间一壶酒》）。

我在参观“忠义祠”过程中得到的一个深刻感受，是日本侵略者在推行殖民统治时所体现出来的手法上的“狡狯”与“精明”，这不是简单视之为“妖魔”所能够解释的，而恰恰是大恶似善，大奸似忠！

对尹奉吉义士的爆炸行为，死伤惨重、深受巨创的日本侵略者当然是恨入骨髓，咬牙切齿，照其本意，是巴不得将“肇事者”五马分尸、千刀万剐才能甘休（当年岳飞《满江红》词有云：“驾长车踏破贺兰山缺，壮志饥餐胡虏肉，笑谈渴饮匈奴血。”可见对仇敌，不能存丝毫怜悯宽贷之心，食肉寝皮方是正道，古今同律，日本鬼子岂能例外）。然而，将尹奉吉生擒活捉后，他们的政治“理性”还是暂时压倒了生物“兽性”，并没有搞“株连九族”、“祸及全家”式的清算，在韩国当地的尹奉吉亲戚似乎并未因此而锒铛入狱、杀身成仁，即使是对尹奉吉本人，也不曾搞“从重从快从严”式的判决，更不曾有“五马分尸”、“千刀万剐”式的酷烈，而是经审判程序（哪怕仅仅是装模作样、走过场而已），几个月后按正常的枪决方式执行死刑（纪念馆展出的尹奉吉被枪决的照片上，其双眼被黑布蒙上，这是中矩合规的枪决方式）。

更加让人万分诧异的是，尹奉吉被执行死刑之后，其随身物品，包括怀表、私人印章、皮夹、钱币、亲友照片等等，均由日本当局仔细收集保管，然后完整无缺地送还给尹奉吉家人。

这当然绝对不是日本殖民者的“良心发现”或“仁慈厚道”，其蛇蝎心肠、狼心狗肺的本质是毋庸置疑的。这只是表明，日本殖民者在统治手段运用上的的确确相当老到，充满“狡猾阴毒”，有意降低血腥镇压的调门，软硬两手双管齐下，镇压“怀柔”各显神通，以化解或至少减低殖民地人民的反抗决心，为维系自己的殖民侵略的长远、根本、全局利益作有利于自己的策略选择。

历史的意义在于不断的进行思考和反省，对日本侵略殖民罪行的声讨和斥责，假如仅仅停留在简单化地发泄义愤的层面，那是幼稚的冲动，也是无济于事的对策。只有真正认识了其包藏的祸心与狡狯的伎俩，才能够透彻说明问题，做到有的放矢、鞭辟入里。

这次韩国历史文化旅游的第三站，是参观距离“忠义祠”不远的修德寺。

修德寺，是韩国佛教禅宗曹溪宗系统的一座普通寺院。韩国四千多万人口中，信奉佛教的多达一千多万，占全国总人口的四分之一强。所以，像绝大多数韩国的佛教寺院一样，修德寺的香火也很旺盛。我们去时，寺院里正张挂着无数个彩色灯笼，似乎是在为每年5月份佛诞节的届临营造和烘托喜庆吉祥的气氛（其实也不一定，韩国佛教寺庙里通常都张灯结彩，且一般都悬挂有木制的大鲤鱼模型，这一点与日本的寺庙中景观很相似，而不同于中国的寺庙僧院，可见某一种宗教传入各国后，都会在教义阐释上、宗教程式上形成自己的鲜明特色）。

不过，那一天教我们留下比较深刻的印象的，却不是寺院内的香烟缭绕，信众如织，大殿巍然，古木森森，奇岩怪石耸峙，绿草花卉似锦，而是在它的山门上悬挂着一块题书为“东方禅宗第一寺院”的大匾额，这确实有些突兀，足以让人惊讶。修德寺固然有些气派，可是称之为“第一寺院”未免也太夸张了点，比起中国普陀山的普济寺、杭州的灵隐寺、宁波的天童寺（它们也是佛教禅宗系统的寺庙），“修德寺”实在是望尘莫及（至少在面积、建筑、雕塑等硬件方面）。可是我们的邻居韩国人就根本不管这些，自以为是第一就是第一，这就不免有些妄自尊大之嫌了（2006年10月第一次韩国历史文化旅游时，我们在釜山附近的“通度寺”也看到过类似的大话，什么“国之大刹，佛之宗家”之类，叫人浑身上下起鸡皮疙瘩）。

这种自恋傲慢，其实透露的恰恰是其骨子里的相对自卑的信息。韩国什么都好，民风淳朴，社会有序，家庭和谐，生活安康，就是狂妄自大、“老子天下第一”这种心态，教人有些难以苟同，不敢恭维。当然，如果只以韩国为范围而论，他们愿意怎么着就怎么着，毕竟，14世纪建造的修德寺大雄宝殿，乃是韩国境内现存的最高的木制建筑物嘛。

第二次韩国历史文化游的最后一站，是瞻仰位于牙山市的纪念朝鲜王朝时期抗倭名将、民族英雄李舜臣将军的“显忠祠”。

显忠祠，创建于朝鲜李氏王朝肃宗时代，具体时间为公元1706年，在韩国人心目中，它是培养其民族护国独立精神的朝圣之处，故早在1966年，就被政府正式命名和神化为“圣地”。显忠祠内保存有完好的李舜臣生长的故宅和射箭场，在遗迹展览馆还展出有龟甲船模型和李舜臣自撰的《乱中日记》（国宝第76号）、长剑（宝物第326号）等诸多重要文物。

矗立在牙山市区的韩国抗倭名将李舜臣塑像

我们游览显忠祠这一天，恰好是一年一度的显忠祠祭祀日。这一天显忠祠免费开放，参观者络绎不绝，摩肩接踵，韩国高等教育财团选择这个日子组织我们前来参观，一方面可以让我们更真切地感受到韩国民众热爱历史、敬慕英雄的热烈场面，另一方面也可以节省五十多人的门票费，尽管门票费才区区500元韩币一人，对诺大财团而言，连九牛之一毛都谈不上。

这也显示了韩国人办事的风格，该花的钱出手大方，毫不吝啬，能省的钱则该省便省，不必为面子的光鲜去充当冤大头。这一点，颇值得国人借鉴和效仿。

显忠祠是专门供奉忠武公李舜臣将军影帧的祠堂。李舜臣（1545～1598年），系朝鲜李氏王朝中期的著名将领，曾在“壬辰倭乱”中统帅以“巨龟船”为主力（韩国人称李舜臣主持建造的“巨龟船”为世界上最早的铁甲舰，显忠祠的陈列说明文字和龙山战争纪念馆的相关解说词，都一个腔调，这又是一项世界“第一”的记录）水师，多次大败由丰臣秀吉率领的日本入侵军队，最后英勇牺牲，壮烈殉国。韩国民众为了纪念这位叱咤风云、精忠报国的民族英雄，兴建了“显忠祠”予以祀奉。

进入显忠祠后，我们不禁为其恢宏的气势、肃穆的氛围所震撼。整个场所占地广袤，建筑庄重雄伟，布局谨严气派，繁花似锦，绿树成荫，森然肃穆，气象万千，反映出李舜臣在历代韩国民众心目中的崇高地位。这景象，这架式，是尹奉吉“忠义祠”所无法比拟的。如果说，“忠义祠”是“奇兵”，那么，“显忠祠”就是“正兵”，典型的“正正之旗”、“堂堂之阵”。可见，在绝大多数韩国人的内心深处，所认同的是，从正面杀败敌人，让对手缴械认输，是比那种依靠暗杀手段打击敌人似乎更有价值、更上台面的事情。

在参观“显忠祠”的过程中，我们也再一次领教了当年日本殖民统治者镇压控制殖民地手段的“狡诈奸猾”。据显忠祠管理处提供的相关背景资料介绍，在朝鲜李氏王朝末期大院君擅政阶段，朝廷曾正式下令废止“显忠祠”（这让人想起“人必自侮，然后人侮之”这句古训，无怪乎朝鲜会遭遇亡国的惨祸了）。今天我们所见到的“显忠祠”，乃是1935年由当时的《东亚日报》等机构团体发起，重新修建而成的。

众所周知，当时的朝鲜半岛正处于日本殖民侵略者的铁蹄统治之下，即所谓的黑暗“日据时期”，《东亚日报》等机构要修建和恢复“显忠祠”，在没有获得日本殖民侵略者的默许认可的情况下，是根本无法想象的。换言之，显忠祠的重建，某种程度上是在日本殖民统治者的允许乃至暗中支持的背景下进行的。这些日本小鬼子居然“天良发现”，允许当地民众建祠纪念自己的民族英雄（这个英雄当年还打败过日本历史上的大枭雄丰臣秀吉，也可以算是日本的“世仇”了）。这的确有些出人意表，匪夷所思！

不过，这种行为，这种“气度”，终究还是让人多少觉得诧异愕然。尽管其动机也许是为了缓和与广大当地民众的尖锐对立，稳固自己的殖民统治，是“黄鼠狼给鸡拜年，不安好心”，但是，其手法上所表现出来的圆滑老练，我们不能不予以认真的对待。对日本殖民统治者这种统治手段上的特点，我们有必要重视，绝不可托大轻忽。要知道，敌人的可怕不在于他的张牙舞爪，而在于他的绵里藏针，笑里藏刀的敌人远比赤膊上阵的敌人来得危险！

我始终认为，敌人是自己的最好老师，一个人要成就一番事业，最佳的途径，是放下自己的身段，虚心地向自己的对手学习。的确，学做“愤青”，简单发泄，固然是痛快淋漓，但这其实往往是傻子发飚，徒然教对手在私底下笑话而已！

当然，日本人的这种招数，也不是他们自己的发明，而应该说是从乾隆皇帝那里学来的，“依样画葫芦”而已！当年，乾隆皇帝在大搞血淋淋的“文字狱”，用“硬”的一手弹压住汉族民众的反抗情绪的同时，也开始表彰那些在明清易代时为明王朝尽忠死节的仁人志士，对史可法、张苍水等人追赠美谥、举行厚葬，用“软”

的一手消弭掉汉族民众的对立意识，甚至进而麻醉汉人，笼络人心（相反，当年那些叛明降清、“为王前驱”，为满清帝国建立而竭尽全力的“汉人功臣”，诸如洪承畴、钱谦益之流，均被不客气地打入“另册”，进了“贰臣传”）。恩威兼施、文武并用、刚柔相济、双管齐下，终于大致摆平了满汉民族的尖锐对立，至少在表面上如此，反映出其极其娴熟精明的统治魄力与手法。

日本人长期以来以中国为师，自然很了解并欣赏乾隆的思路和做法，亦步亦趋，在李舜臣“显忠祠”兴废上的态度与处置，可以明显地看到这种痕迹。必须说，这并不让人觉得诧异！

另外，令人感到有些遗憾的地方，是一些韩国人历史观上的小家子气。而小家子气往往会使得历史的客观真实性受到一定的伤害。这一点，在“显忠祠”的布展陈列中同样有所反映。在“显忠祠”遗物馆陈列与介绍文字里，只有李舜臣和李氏朝鲜王朝军队的事迹，而只字不提及当时大明王朝派遣大军驰援朝鲜，双方携手共同抗击日寇的历史实情，让邓子龙老将军和众多的中国将士白白为之血染疆场，奉献生命了。这当然是很不公允的！我们并不是要求人家铭记我们的恩典，结草图报，但也不赞成隐瞒历史的真相，抹煞了历史上那些英烈们的伟大贡献。

再一点，就是某些人刻意的“去汉化”做法也值得引起关注和批评。1935年兴修的“显忠祠”，祠名用的是汉字，前些年“显忠祠”重新修缮，旧祠被迁移至院中的一角，代之而起的，是用韩文书写匾额的“显忠”新祠。这种做法，呈示的仍是愈演愈烈的“去汉化”趋势。虽说这是人家韩国人自己的自由，无需我们置喙，但是这种现象看在我们这些中国人的眼睛中，也不免多少有些不尽自在的滋味涌上心头了！

朝鲜半岛的“三国演义”

韩国的主流学术界，将朝鲜半岛的整个历史梳理为以下几个发展阶段：旧石器时期——新石器时期——青铜时代——古朝鲜（新金属时期、卫满朝鲜、汉的郡县）——诸联盟王国（高句丽、辰国与三韩）——三国时期（高句丽、百济、新罗）——南北国时期（新罗、渤海）——高丽——朝鲜——韩国。另外还有一种非学术意味更多一些的观点则是以“檀君朝鲜”时期来标记青铜时代和古朝鲜时期。

我个人相对比较感兴趣的，是高丽、百济、新罗三国鼎立的那个时期。

大约在中国的南北朝时期，朝鲜半岛上诸多小国与部落经多年的残酷征战，逐渐形成了三个独立国家，北部为高丽，南部偏东为新罗，南部偏西为百济。其中高丽以今天的平壤为其政治统治中心，百济的政治中心在今天韩国的扶余一带，新罗的统治中心则处于今天韩国的东南部庆州。

到了隋唐时期，这三国先后与中原王朝发生直接的纠葛。其兴衰荣辱，多与隋、唐王朝的关系互动有关。隋、唐王朝对三国或征伐或拉拢，纵横捭阖，各个击破。而三国对隋、唐王朝或抗衡或联合，以期在三国争霸兼并中把握主动，赢得胜利。这种古代的“国际关系”博弈上的复杂与激烈，一点不亚于今天。

三国之中，高丽国土面积最大，军事实力最强，对中原王朝一直是时降时叛，时慕时倨。隋炀帝亡国，原因之一就是征高丽，致使国内民生凋敝，国力大耗。唐朝建立后，高丽也是桀骜不驯。与唐廷相对峙，泱泱中原王朝面对它的强梁，曾一度束手无策，甚至唐太宗御驾亲征也未讨得便宜。一直要到唐高宗总章元年（668年），唐朝大将李勣统率劲旅，一举踏平高丽，才完成了隋炀帝、唐太宗的未竟之业，收一百七十六城、六十九万户。高丽之所以长期与隋、唐王朝为敌，就“国际关系”原则而言，乃是势所必然，理有固宜的。它与隋唐疆域相接壤，在中央王朝远交近攻的战略原则下，一定是中原王朝打击进攻的目标，而不可能成为交往安抚的对象。形格势禁，这不是它自己所能选择的。

唐代名将李勣像

新罗位于朝鲜半岛东南部，与中原王朝相隔最远，没有面对大国时所感到的沉重压力或紧迫危机，故长时期内与唐王朝保持较为友好的往来，多次遣使入唐，与唐廷建立起相对牢固的朝贡关系。不仅如此，它还巧妙地利用其他两国与唐王朝之间的矛盾，挑拨离间，煽风点火，借刀杀人，混水摸鱼，打击削弱半岛上的竞争对手，壮大自己，以最后实现统一朝鲜半岛的战略目标。事实证明，它的战略运筹与操作是十分成功的，即它的战略意图与唐王朝的战略愿景有高度的重合处，双方各取所需，一拍即合，遂开展实质性的合作。它积极配合唐王朝的战略进攻，充当“为王先驱”的角色，派出军队支援策应唐军，先后攻灭百济、高丽两国，借助唐军的力量，完成了它自己的半岛统一大业。

百济的情况有些特殊，本来它位于朝鲜半岛的西南部，并未与唐王朝直接相毗邻，不应该成为唐军首选的进攻对象，在三国中第一个被灭亡。然而，人算不如天算，它由于战略思维的混乱与战略选择的错误，让唐军寻找到首先攻击的借口，从而很快亡国。

也许是对新罗借助外力致力统一的意图懵然无知，或许是因唐军几度攻打高丽而产生“唇亡齿寒”、“兔死狐悲”的预感，百济在唐与高丽的纷争中，表现得比较高调，把注完全下在了高丽这一边。这就为唐军与新罗联合，共同起兵攻伐百济提供了契机。另外，避实击虚，侮亡取乱，也是军事斗争的一条重要原则，唐军在与高丽战略相持过程中，若不能立即剪灭对手，那么，率先打击相对弱势的百济，除高丽之羽翼，绝高丽之奥援，为日后最终平定高丽，也不失为阶段性的高明战略抉择。

高宗永徽六年（655年），新罗国向唐廷告状，说高丽、百济、靺鞨连兵，攻取新罗三十多城。唐廷向百济国王下诏劝和：“……

王所兼城宜还之（新罗），新罗所俘（百济兵士）亦畀还王。不如诏者，任王决战，朕将发契丹诸国，度辽深入。王可思之，无后悔。”百济王总以为唐兵不会轻出，又恃有高丽作自己的靠山，遂拒绝了唐高宗的“哀的美敦书”。“敬酒不吃吃罚酒”，唐廷遂于显庆五年（660年），诏派左卫大将军苏定方等人率兵攻讨。唐军从成山（今山东荣成）渡海，在熊津口大破百济军，又克真都城，击灭百济军主力，“斩首万余级，拔其城”。新罗也乘机出兵，策应唐军的进攻。唐军兵贵神速，很快兵临百济都城城下，时隔不久，百济都城告陷，唐军逮捕了百济王扶余义慈父子以及百济豪酋五十八人，全部押送长安。“平其国王都、三十七郡、三百城，户七十六万。”

后来，百济的王族与民众还借助倭人（今日本国）的势力掀起一场复国运动。但人心思定，在刘仁轨统率的留守唐军镇压下，百济的“复国”之梦终于未能圆成。百济，作为一个独立国家从历史长河中永远消逝了，其疆土被并入新罗，新罗遂成为朝鲜半岛上“三国演义”中笑到最后的胜利者！

现实中的战争场景，一直比史书的文字记载来得逼真，但也来得残酷。“边亭流血成海水”，“一将功成万骨枯”，“争地以战，杀人盈野；争城以战，杀人盈城”。血流成河，尸横遍野，鲜活的生命转眼终结，无限的遗恨叩问苍穹。百济亡国的悲剧同样惊心动魄，惨绝人寰。有一个血腥而壮烈的情景就是百济国覆灭时的悲惨缩影。C教授的笔下有很感性的描述：“一将军（三忠之一，但是我不知道中文名字）在大兵压境之时，临危受命，抱着必死之心，斩杀全家老小，带领5000武士绝地抵抗唐军和新罗联军。终因力量悬殊，全军覆没。住在扶余山城宫内的3000宫女和百济女子为保贞节，全部从落花岩跳下，投白马江自尽。”（“三千落花，五千绝士，白马一江殷红千古”，载“韩国策”的博客。）

据韩国历史记载，战士与宫人的鲜血染红了玉带一样环绕山城的白马江，风萧萧，马嘶鸣，悲歌四起，惨烈至极。后来人们在落花岩上修建了百花亭，以纪念百济女子的高贵和坚贞。

这真是一个揪人心肺的悲痛故事。C教授不免有自己的感慨，我想不出更好的词句来表达自己的心绪，所以还是借用一下她的描述吧：“碧澈的蓝天下，青翠的稻田被阳光激发出点点金色光晕，看不到一个人，格外的清静。现在的百济人憾与恨的情绪平复很多了吧，只是古代文化的一种精神象征了吧？公元六百多年距今很久远了，当看到Video中战场厮杀、横尸遍野、妻离子散的情景，心中还不免升腾着悲愤和凄凉；那么短短70年前的那场战争呢？我们应该怎样看待？战争结束了，人们的生活继续，一派大东亚共荣的局面，但是内心深处还有痛吗？抑或是其他的情绪？”

其实，从大历史的视野来观察，朝鲜半岛的三国演义之余波回澜远比我们所想象的来得深刻与久远。在某种程度上，今天朝鲜半岛的政治生态是当年三国鼎峙的阴晦延续。

百济、新罗的故地今天虽都在韩国境内，属同一个国家，但政治生态却显然有差异。稍知当代韩国社会政治生态的人都知道。韩国的政治文化由两大板块所组成。一大板块为岭南集团，另一大板块为湖南集团。岭南集团就地域范围而言，以东南部的庆尚南道、庆尚北道为主体；湖南集团则以西南部的全罗道为主体。

一般而言，岭南地区人们政治上相对保守、右倾，比较亲近美国，像军人政治时期的朴正熙、全斗焕、卢泰愚，现任总统李明博，皆出于这一地区（我曾在韩国国防研究院L上校的陪同下，参观

作者身后为大邱八公山原韩国总统卢泰愚故宅

过位于大邱市八公山下的卢泰愚前总统故宅）。而湖南地区则是韩国国内“左倾”势力的大本营，对美国不感冒，对华、对朝鲜比较友善，民主斗士金大中总统等人就出于这个地区。韩国社会的左、右抗衡，韩国政治的此消彼长，实际上就是“岭南”、“湖南”两大区域的博弈较量。

与此同时，两大板块的对峙与角逐，也制约了韩国经济区域的布局与国家资源的配置。由于在“二战”结束、韩国独立以来的大部分时间里，执掌中央政权的多出自岭南集团的“精英”，湖南集团在政治权力中枢中相对边缘化，故国家资源的配置投入方面也很自然地向东南海岸——新罗王朝的故地——倾斜，在那里有所谓的“产业之都”蔚山、港口中心釜山，工业发达，科技先进，交通畅达，商业繁荣。相形之下，原百济故地的湖南地区，则主要为农业区域，经济发达的程度也许要低得多，“全罗道”——“传统美食的天堂”，虽然让人充满期待、多有向往，但整体经济实力的相对薄弱，生活水平的相对滞后，却也教当地的不少民众心态复杂。

如果我们上溯韩国的历史，我们就能够惊奇地发现，“湖南”、“岭南”之争，简直就是“百济”、“新罗”之争的现代版。湖南地区就是百济的故地，而岭南地区则是新罗的故地。区域的隔膜，影响到当今人们政治理念的不同，价值观念的分歧。虽然说导致这种现象的存在，有极其复杂的因素，但可以大胆推测的是，当年百济、新罗的分治与对峙，恐怕也多少影响到今天的政治生态的形成与嬗变，影响到如今两大地区民众的社会政治理想与追求。

换言之，历史是人心深处最隐蔽但又最深沉之恸，它总是有形无形地制约着人们的思维定势与行为方式，这真可谓：千年易过，伤痛的记忆难消！

普州太后许黄玉

2007年3月份的某一个上午，在高丽大学外国访问学者小公寓里呆得穷极无聊的我，接到了来自国内的一个电话，打电话的是一位两年前结识的大老板，姑且称为L君吧。

他跟我一样，都曾有过在部队服役的经历。当然，离开部队后，我们的路走得是完全两码事，我呐，到高校谋一教职，“坐拥皋比”，当教书匠，吃粉笔灰；他，则是入商海弄潮，淘金发大财。据说，他的主业是经营房地产，但同时不乏“玩”文化的雅兴，偶尔触“电”。更教人佩服的是，他能够“玩得就是心跳”，一出手就是大手笔，在影视界一鸣惊人，声名鹊起。一部“江山风雨情”已是“红杏枝头春意闹”，吸引了无数观众的眼球，接下来的82集电视连续剧《贞观长歌》，更是“满村争说蔡中郎”，让中央电视台“黄金一档”整整热播41天，赚得个盆溢钵满。他是制片人，投资成功，回报也丰厚，自然没有问题。

本来，他走阳关道，我走独木桥。然而，人生的吊诡无处不在，承蒙国家广电总局有关部门的抬举，让我以历史学工作者的身份，参与《贞观长歌》的剧本审读和样片审看，我和L君相识了。更有意思的是，两人气味相投，一见如故。《贞观长歌》顺利播出的同时，我们也彼此成了朋友，不时互通电话，偶尔杯觥交错。当然，“埋单”的总是他，谁让他腰包这么丰满呀！

在异国他乡聆听朋友的声音，总归是一件愉快的事情，可接下来的事情，则让我心里感到有些压力了：L君电话中说，仁兄你不是专门研究秦汉史的吗？（天知道，我算哪门子“专家”！否则，我那宝贝女儿怎会封给我“开会篓子，文化痞棍，学术混混”的头衔。）今天我算是找对对象了，请仁兄一定帮忙。

我一听豪气干云，两肋插刀的劲头就上来了：老兄请吩咐，小弟义不容辞，尽力而为。

说大话是要付出代价的，听了他下面的话，我心里迭呼后悔莫及。

L君在电话那头讲：那好，我问你知道“普州太后许黄玉”的事情吗？那是东汉初年的历史人物。我一听就懵了，研究秦汉史多年，可从来不知道有“普州太后许黄玉”这款人物，真是孤陋寡闻，一头雾水。孔圣人有言“知之为知之，不知为不知，是知也”。于是乎，我老老实实回答道：恕我无知，我真的不晓得“普州太后许黄玉”是何许人也，愿闻其详。

L君心里叹气、嘴里客气：没关系、没关系。于是他简略讲解了许黄玉的来龙去脉：许黄玉是东汉时期益州人，后漂洋过海到了今天韩国的釜山金海一带（当时称为驾洛国），机缘凑合，最后成了驾洛国的王后，也是朝鲜半岛金、许二姓的共同祖先。由此可见，中韩友谊源远流长，中国的许姓女子，居然是韩国人的祖宗大人老奶奶——他对许黄玉的了解当然也是从网络上贩卖给我的。

我一边握着电话话筒唯唯否否，敬受教益，可同时心里直犯嘀咕：这L君怎么对许黄玉这个陌生的历史人物感兴趣了？他到底又想干什么？“图穷匕首见”，L君接下来的话，让我彻底明白了这老兄今天打电话给我的目的之所在。

他说：今年是纪念中韩建交多少多少周年，许黄玉的题材正适合做见证中韩友谊的最佳内容，所以，他有意斥资拍摄一部“普州太后许黄玉”的电影，希望我帮忙，为拍许黄玉一片，做些事情。

话说到这个份上，就用不着再“以迂为直”了，还是直捣黄龙比较好。我就直截了当要L君说明到底需要我替他做些什么？他看我是真的不“认识”那位许黄玉，也就删繁就简，简明扼要提出相关要求：一是利用百度、谷歌等搜索引擎，检索了解国内有关“普州太后许黄玉”的资料，做到心里有数；二是利用自己正在韩国高丽大学访学的机会，就近了解韩国有关历史文献中对许黄玉的记载情况；三是告知韩国学者中关于许黄玉其人其事研究的主要人物，是汉阳大学教授金秉模，据L君自己了解——当然仅仅是通过网络，这位金教授有关许黄玉问题的观点最接近中方学者与民众的认知：1991年6月25日，韩国汉阳大学教授金秉模教授对四川安岳的访问，才使得“普州太后”的身世之谜逐渐揭开。

据金教授考评，“普州太后”许黄玉乃中国四川省安岳县（古普州）人，而且在L君看来，金教授众多头衔的光环也很有意义，金秉模不仅是教授，另外还是汉阳大学博物馆馆长、考古学博士、韩国考古学会评议员、世界博物馆协会亚太地区理事，等等，权威嘛，自然能够镇住场面，有公信力。

所以，当务之急，是尽快找到金秉模教授本人，听取他对拍摄许黄玉题材影片的意见，取得他的支持和帮助，最好能邀请他担任影片的韩方历史学术顾问。而这个艰巨的任务，L君表示是非我莫属，至于我是踏破铁鞋还是大海捞针，就不多谈了，总之是多多拜托，谁让咱们是哥们啊！

L君平时对我多有关照，别的不说，我几次到香港，就承蒙他提供过很多的便利，“受人滴水之恩，自当涌泉相报”，何况这本身也对我了解秦汉民间历史不无帮助，于是，欣然从命，决定去摸摸那位八杆子也打不着的“普州太后许黄玉”材料，看看是否真的值得成为一部电影的主角。

第一项内容属于“知己”，对我而言，乃是“补课”性质。网络世界，带来妙不可言的无穷便捷，输入“普州太后许黄玉”七个字，用谷歌、百度一检索，大量雷同的信息、相似的条目纷至沓来、让人应接不暇。原来，作为四川安陆县的地方历史文化资源，许黄玉已经被“炒作”很久了，只是局限于一隅之地，未尝为一般人所关注和跟进而已。

从“炒作”所提供的材料来看，许黄玉的基本状况大致如次：

许黄玉，于公元32年9月3日出生在东汉犍为郡普州，即今四川资阳市安岳县瑞云乡许家坝。公元47年，四川境内发生了以雷迁为首的声势浩大的暴动。东汉政府调派威武将军刘尚率领精兵万余人征讨平叛。经过一年多的生死决战，雷迁及其部属终因寡不敌众，以失败而告终。公元48年，东汉政府为防止再次发生叛乱，强行将“乱民”七千余人迁往江夏（今武汉一带）。年方16岁，貌若天仙的许黄玉姑娘也随族人一起被押送江夏。沿途官兵的欺凌和鞭打，导致再次发生暴动。许黄玉家族等二十余人杀死随船官兵，夺船东下，经扬子江，在5月中旬漂流入黄海。

公元48年7月27日清晨，一座形似馒头状的岛屿展现在眼前。他们绝地逢生、欢呼雀跃。红色大风帆在阳光照耀下显得格外醒目，立即引起朝鲜半岛南端驾洛国（今釜山附近之金海市辖地）岛民的极大惊奇，他们奔走相告。人们被貌若天仙的姿色所倾倒，认为是天女降临了，必定造福人间。这时，驾洛国金首露王随即下书传许黄玉进宫，择定吉日（据传为8月1日），举行婚典纳为王后。

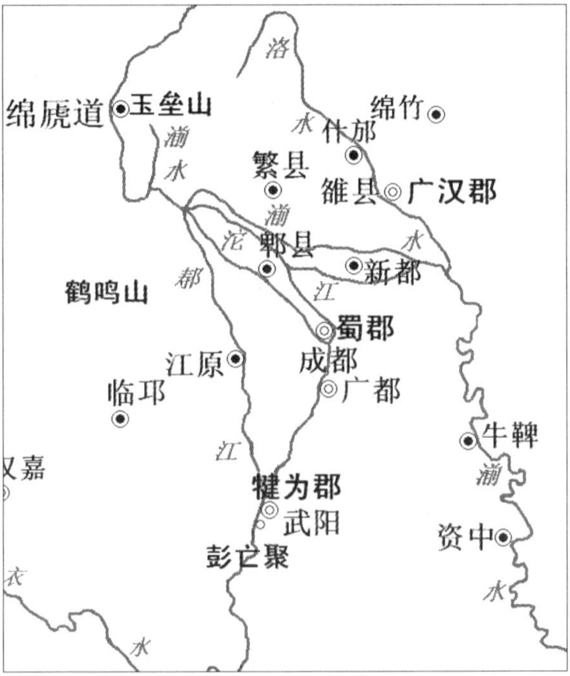

东汉时期四川犍为地理位置示意图

许黄玉做了驾洛国金首露王王后以来，他们一行不仅将当时经济发达的东汉农耕、水利、养殖、编织以及冶炼等技术带到了朝鲜半岛，使当地的经济得到了发展，而且，将东汉的政治制度、剥削方式等都引入了驾洛国的朝堂。金首露王娶许黄玉之后，国家日益强盛，夫妻恩爱，生儿育女，子孙满堂，享尽人间天伦之乐，许黄玉享年157岁，谥号“普州太后”。

以上是各家网站上有关“普州太后许黄玉”事迹的大致记述，内容大同小异，不必一一列举。

从纯史学研究的角度看，这些说法是典型的“齐东野语”，毫无史料学术价值。且错讹百出，不堪卒读。如东汉初年，资阳安陆属犍为郡，地名为普慈；至梁代置设普慈郡；至北周建德四年方有普州和安岳县名。既然“普州”之名始于北周，又何来东汉时期的“普州太后”？编“故事”者，也感到这是大破绽，于是为之曲说：关于“普州”之名，专家们推断，韩国许黄玉陵碑镌刻“普州太后”是其后代于五六百年之后追谥的封号。可问题是“追谥”的史料依据又在哪里？

又如，许氏一族因造反被远徙，途中再次叛乱，夺船出海，登陆朝鲜半岛南端，故事生动悱恻，委宛动人，连年月日都肯定得精确无误，连清晨还是傍晚都明明白白，但又不见标注具体的文献依据，这就纯粹成了小说家言了，是无法当信史看待的。另外，关于许黄玉身世生平的描绘，穿凿附会，神怪迷信煮成一锅粥，连鬼也不敢相信。说什么许黄玉活了157岁，“许黄玉笃信道家养生之学，效法彭祖养生之道。道家先师彭祖享年888寿。上古按60天为一寿。其寿年相当于而今的146岁。女性平均寿命略高于男性，许黄玉高寿157岁”，哪岂不成了老妖精，荒诞无稽，莫之为甚。

更可笑的是，明明是神话传说式的故事人物，却偏偏要作学术考据“逼真属实”状，说许黄玉的事迹可以通过比较文化考古学的工作得到佐证：“在位于韩国金海市的许黄玉陵刻有驾洛国首露王妃普州太后许氏陵，在王陵、王妃陵上都刻有双鱼纹，这种双鱼纹鱼头相对，被认为是许氏家族的标志，象征富贵吉祥有余。在中国新石器时代的半坡、姜寨遗址出土的彩陶钵、彩陶瓶上，就有成对的双鱼纹，与韩国驾洛国首露王陵、王妃陵上所刻的完全一样。而安岳县瑞云乡园门村许家坝狮子山上的东汉崖墓的墓壁上刻有船、两条鲟鱼和双鱼纹，就进一步证明了许黄玉是安岳人的可能性和合理性。”

而且特别指出：这个结论的得出，主要依据于那位韩国的金秉模教授：韩国学者金秉模几度来川指出，安岳汉墓石窟双鱼纹图，与韩国金首露王妃陵所刻许黄玉氏族标志双鱼纹，两者毫无二致。有的文章则更夸张，干脆说："韩国供奉的驾洛国始祖王妃；普州太后画像和金氏先祖母许黄玉年轻时代造像，全然是中国人模样。"

开始时，这让我感到纳闷困惑：难道中国人和韩国人在长相上有什么本质区别吗？这也是说明韩国许黄玉来自中国内地的依据所在吗？但是，当我检阅了记载朝鲜半岛早期历史的主要史籍《三国史记》许黄玉的有关叙述之后，我明白了，原来这是许黄玉身世生平研究中一个绕不过的最大的坎，不这样，许黄玉就成了印度人，而与中国四川这个地方无关了。

韩国自己的历史，在隋唐之前，可谓是一片迷茫和混沌。用一个并不怎么妥帖的比喻，其7、8世纪前的历史有如咱们中国人的三皇五帝时代，想象居多而实证贫乏，本事模糊而虚构严重。像檀君的开国纯系夸张的传说，朱蒙的作为亦颇多离奇的杜撰。因此，驾洛国的来龙去脉很显然掺杂了不少神话传说，真真假假，扑朔迷离，说是编造，或许不一定是事实，但是若信以为真，则同样是可笑滑稽。其主要史实的依据，就是少得可怜的一点资料，其中，《三国史记》在研究韩国上古中古史上或许是最核心的基本史料了。要了解深究许黄玉的问题，就只能按图索骥，先到此书中去检阅了。

在高丽大学留韩历史研究生X小姐的帮助下，我进入高丽大学图书馆翻检《三国史记》一书，终于在其中核准了有关许黄玉的相关记载。应该说，《三国史记》对许黄玉的描述十分单薄，而且与咱们中国没有任何关系。书中记载，许黄玉在与驾洛国国君金首露王首次相遇时，曾明确表白自己是“阿瑜陀公主”，即古印度一个地方小邦国的公主。正是因为有了这段文字的记载，许多年来，印度与韩国一直借“许黄玉”的缘由，开展亲善和睦的民间文化交流，每年春天都定期在韩国釜山附近的金海市，举行规模宏大、热

高丽大学韩学馆

闹非凡的韩印两国文化交流活动。这与咱们中国人倒是风马牛不相及的。

有趣的是，近些年来，国内不少地方都汲汲于开发文化旅游资源，来拉动当地的经济。在这个过程中，打名人牌，打传说牌，乃是最基本的手段。四川安岳的地方旅游部门，或许是看到了许黄玉有“普州太后”的名号，就顺手牵羊，把彼“普州”与此“普州”拉扯在一起。于是乎，中国四川的“许黄玉”便合乎逻辑变成了韩

国金、许两姓的老祖母，中韩民众自汉代伊始，就是血浓于水的表亲戚。恰好，那位汉阳大学的金秉模教授似乎又有关于“许黄玉”身世问题的独树一帜见解（说白了就是指许黄玉为中国人而非传统所称的印度人），符合我们中国人的心理期待，所以如获至宝，处处拿金秉模教授的观点说事（事实证明，国内对金秉模教授观点的引用，是掐头去尾、断章取义的，这一点我们下面还会谈及）。

至此，L君交代的前二件事我算是基本完成了。接下来，就是如何想方设法寻访到本案的关键性人物--那位汉阳大学的考古学家金秉模教授，面对面请教他有关“许黄玉”生平的见解，询问他对拍摄“许黄玉”故事影片的看法，并择机拉他下水，来担任拟摄中的该片韩国方面的历史顾问。

应该说，这是桩很棘手的任务。我本人虽说是在韩国游学近一年，但由于对天书般的韩语既不能认，更不会说，加之英语又十分糟糕，所以平时习惯于“躲进小楼成一统，管它冬夏与春秋”的生存状态，与韩国的学术界很少往来，更无交集。这让我到哪里去寻找这位金秉模教授？但受人之托，忠人之事，尽管有如大海捞针，也得硬着头皮去寻找。毛泽东曾说“世上无难事，只怕有心人”，斯言确为真理。只要用心，其实还真的没有办不成的事情。

也是机缘凑巧，找到金秉模教授的下落颇具戏剧性，应验了“踏破铁鞋无觅处，得来全不费工夫”这句老话。他被介绍是汉阳大学的教授，我们同期的“韩国高等教育财团”访问学者中的H君恰好被安排在汉阳大学访学。我就拜托他代为向他所在的汉阳大学韩国同仁们查询金秉模教授的去向。令人欣慰的是，H君很痛快地答应了我的请求；更令人欣慰的是，H君很快地回馈了令人鼓舞的消息：金秉模教授的下落知道了。

原来，H君在汉阳大学的合作教授是该校哲学系的金炳采教授，他与金秉模教授十分稔熟，并非常爽快地答应帮助我与金秉模教授建立联系。据H君称，金炳采教授早年留学台湾，师从牟宗三、罗光等宿儒，取得台湾的博士学位，与现今辅仁大学校长黎建球为同窗。他的学术背景，引发起我对他的浓厚兴趣。于是，在拜访到金秉模教授之前，我在H君的引荐下，于2007年4月27日上午先行赴汉阳大学拜见金炳采教授。

与金炳采教授的会面非常愉快，他洵洵有长者之风，温文儒雅，让人倍感亲切。问清我的来意后，他详尽介绍了金秉模教授的情况与近期动态。原来金秉模教授曾在汉阳大学执教多年，从事东亚考古学研究，在韩国考古学界有一定的学术影响。而且此人还有一定的行政管理能力，曾在首尔附近创办过一所私立大学，并担任校长。前两年，他刚从汉阳大学退休（韩国的教授退休年龄一般为65岁）。退休后，金秉模教授与其他许多韩国教授一样，也继续发挥“余热”，创办了私人的文化事业，而且规模还相当可以，名为“高丽财文化研究院”，其位置也不错，坐落于独立门附近的富贵大厦，有地铁可以直达。接着，热心的炳采教授就与金秉模教授通电话，转达了我对他的仰慕之意与谒拜之请，获得了对方的认可，并约定了具体的见面时间。中午，则由炳采教授做东，请我、H君还有汉阳大学史学科一位副教授一起进餐炸酱面，继续彼此之间的开心聊天。

2007年5月4日，我如约前往富贵大厦“高丽财文化研究院”拜访金秉模教授，金教授已早早在那里迎候。秉模教授只会说简单的中文，我的英文是哑巴式的，所幸他公子曾在北京大学留学数年，会说流利的中文，居中充当翻译，这么一来，我们之间的交流就没有什么障碍了。

我知道金秉模教授退而不休，十分忙碌，因此谈话就直奔主题，向他请教“许黄玉”一事的来龙去脉，同时告知中国有人有兴趣把“许黄玉”故事搬上银幕，征询金教授对此事的意见，最后“图穷匕首见”，代L总邀请金教授担任该片的韩方历史顾问。

金秉模教授也是痛快之人，很坦率的提出了自己的看法。首先他介绍了自己对“许黄玉”生平的基本见解：其祖籍在印度，但许黄玉本人出身在中国四川，最后登陆伽耶时代的朝鲜半岛，其后裔为韩国的金、许二姓，金姓占多数，故在韩国金、许二姓之间是不通婚的，因为他们本是一家人。考古上的“双鱼图案”，是东亚文明的一条传播之路，他表示，据他自己多年的研究，其源头在印度，后经中国四川沿长江东下传入韩国金海一带，最后又传到日本。在日本，双鱼是稻作神的化身，后又衍变为商业贸易神祇，所以有如丝绸之路似的双鱼之路，也就是文化交流之路。在这个历史大坐标上，“许黄玉”的双鱼文化背景就值得重视了。

谈话过程中，金秉模教授还指出：“许黄玉”的先人所从事的职业是巫师，并不姓许，姓许是后来的事。至于金教授的结论依据是什么，他没有详说，说实在的，我也闹不明白。他笑着问我，为什么“巫”会取姓为“许”？我觉得反正韩国的上古史研究多为猜测与推断，那咱也不妨来大胆“假设”一下。于是就“天马行空”发表见解了：巫师振振有辞，巧舌如簧，故“许”字从“言”以示其特色；巫师作法依天象与时间而行，午时多有天象垂教的表征（如日全食——俗称“天狗食日”），故“许”字从“午”以表其性质。我这场“想象考古学”表现，纯粹是强词夺理、云山雾罩、信口雌黄一番，让金教授听得如坠云雾之中，可他却连声表示：有道理，有道理。

接下来，才是这场会面的核心与要害所在。金教授对中国有人有意搬“许黄玉”故事上银幕的做法持保留和质疑的立场与态度。概括起来，他表达了三层意思：

第一，不要在电影里去凸显“许黄玉”的国籍问题，尤其是不要着眼于“许黄玉”的中国人身份。因为这样一来，韩国人似乎都成了中国人的后裔，韩国人的民族情绪绝对会受不了的。他们不在乎称“许黄玉”为印度人，但绝对在乎说“许黄玉”为中国人。他希望类似“东北文化工程”在韩中之间引起争论的情况应加以避免。更何况，影视的大众传播效果要远远超过学术研究的社会影响力、感染力。

与金秉模教授在一起

第二，在韩国，金海金氏宗亲会有600万成员，是韩国最大的宗亲氏族势力，他们已经认“许黄玉”为印度人，曾多次到印度寻根认祖，并在印度立碑纪念。中国今天如果在“许黄玉”题材的影视作品中略去印度元素，改“许黄玉”的“国籍”，那么金海金氏宗亲会一定会气得跳脚，强烈反弹。这种情况一旦出现，则政府也会感到棘手，后果会很严重。另外，印度某支王族每年都来韩国访亲，若是看到自己被“屏蔽”、“河蟹”了，也会恼怒，导致韩、中、印三国之间的国际“纠纷”。为一部电影惹出这些麻烦，值得吗？

第三，每年十月份，金海市都举行纪念“许黄玉”的文化节活动，印度、日本的文化部门、艺术团体都有前来参加，“许黄玉”也许和中国有一定关系，所以也欢迎中国四川派文艺团体来共襄盛举，他可以与金海方面进行沟通，争取经费上对中国友人加以资助。

金秉模教授的这三条意见，第三条是安慰性的附加款目，核心在前二条，这其实是表明了他反对中国人士将“许黄玉”题材搬上银幕的立场和态度。话说到这个地步，我也就完全明白这件事的底线了，于是就不再说“许黄玉”的话题，改谈其他轻松的题目。吃过他安排的中饭后，我行礼如仪，和他友好道别。

随即，我把与金秉模教授见面的情况原原本本在电话中向L君作了汇报，尤其强调了金秉模教授反对由中国人拍摄“许黄玉”题材影片的态度与理由。L君当然很失望，但他毕竟在军队工作过，这点政治敏感意识还是有的，知道这个马蜂窝捅不得，于是乎，及时罢手，“悬崖勒马”。至此，“许黄玉”的电影拍摄之议偃旗息鼓、无疾而终了。

为“许黄玉”之事，我花费了不少的精力与时间，最后却两手空空，表面上是白忙乎一场，其实不然，我还是很有收获的。因为亲历“许黄玉”电影拍摄之议的整个过程，它使得我从一个侧面进入了韩国的文化生态，成为一次难得的经历，也萌生不少的感慨：

一是韩国的上古史、中古史研究，居然是这样的乏善可陈。材料固然欠缺，方法也可物议，说是推测与猜谜也并不为过。这显然是无法归入科学的历史学研究范畴的，要真正接近古代韩国的历史真相，恐怕还需做出艰巨的努力。

二是韩国的教授，学术水平高下我不敢置喙，但他们有强烈的社会责任意识。他们从国家政治正确、社会安定和谐的高度对待历史研究与文化传播，自觉讲求社会效果，随时注重社会影响，这种立场与相应的做法，令人钦佩。窃以为，这才是知识分子应该具有的人文关怀意识与社会担当精神。

三是韩国社会中依然存在着浓厚的民族自我保护意识，它像空气一样虽不可看见，但却无所不在。对强邻中国的戒惧心与疏离感仍然存在，可以认“许黄玉”为印度人，却无法接受“许黄玉”为中国人，就很典型地折射了这种心态，要彻底消弭中韩两国民间的这种畛域，依旧任重而道远。

老子《道德经》有云：“是以圣人常善救人，故无弃人；常善救物，故无弃物。”以本人在“许黄玉”一事上的得失参之，信然！

社情短长

“多如牛毛”的韩国节日

到韩国访学一年，最深刻的感受之一，是韩国人的节日真多，简直多到了“泛滥成灾”的地步。

韩国人的节日多，只要有名目，就设定一个节日，然后全民共享过节的快乐。“土”节乃是“国粹”所在，自然多多益善，于是，春节、中秋节、清明节、重阳节，一个不缺，统统要过；国家认同、民族凝聚是立国之本，一样不可或缺，于是，开天节、光复节、独立节、显忠日，纷至沓来，欢欣鼓舞；“洋”节是与国际接轨，不可闭关锁国，于是，圣诞节、复活节、情人节、万圣节，粉墨登场，共享快乐；亲情珍贵，家庭重要，维系和谐温情自是必有之义，于是，又有了儿童节、母亲节、父亲节、再加一个有韩国民族特色的父母节。

“和谐”的本质是为了追求平衡，妇女头顶半边天，当然绝对不可忽略，这样一来，很自然就有了所谓的妇女节；可难道男人就该被边缘化嘛？答案也是否定的，结果便又多了个男子节。宗教又不单单是基督教、天主教，这么多的佛教徒怎么办？办法总归是有的，搞个平衡，那就来一天“佛诞节”。劳工神圣，因此，劳动节是不可少的；教师伟大，所以，教师节是必须过的。至于军人、农民、商人、公务员是否有属于自己的专门节日，我对韩国的国情了解不是太多，不敢贸贸然肯定或否定，但是按照常理来推断，应该也是不会缺席的。

这些节日，有的是法定的公休假期，如圣诞、中秋、春节、元旦、佛诞、复活、开天、显忠等等；有的则不是，像儿童、父母、情人诸节。但是不论放假与否，一遇节日，就欢快庆祝，尽情放松，则是一致的。一次，我与我所认识的几位中国留学生计划登临南山首尔塔，结果到了那里，发现是人山人海，摩肩接踵，根本无法搭乘上山的缆车，只好很郁闷地打道回府（太懒，爬山也费不了很多力气）。原来这一天是儿童节（5月5日），属于国家的花朵——小朋友的天下，不弄清状况，贸贸然跑去，自然只能是灰头土脸、铩羽而归了。5月8日晚上，我按自己的日常作息时间外出散步溜湾，突然发现所到之处满大街都在出售鲜花，许多韩国人提着形制各异的小花篮、小花盆来来往往，行色匆匆。我心里马上想到：韩国人今天大概又在过什么节了。果不其然，向韩国友人一打听，原来这一天是父母节，子女们要尽一份做晚辈的孝心，送鲜花给自己的父母，以报答养育之恩。

韩国的节日按特征，又可以区分为公众性与私密性两种。象“圣诞”、“开天”之类的节日，属于前者；而“中秋”、“春节”之类的节日，则属于后一种。我个人觉得，韩国人更重视的是后一类的节日。“中秋”、“春节”作为最重要的节日，不但放假时间长（整整三天），而且还有吃年糕、打饼之类的习俗套餐（民以食为天）。更重要的，是它们的宗旨为家庭团聚，共享天伦之乐，即在这两个佳节里，住在首尔、釜山、大邱、大田等城市的人们，或搭乘飞机、火车、巴士等公共交通工具，或驾驶私家车，都

韩国一年一度的宗庙祭祀典礼

要路远迢迢地回到自己的农村老家（韩国人口百分之九十在城市，留守在乡村的大多为老者），全家团聚，祭祀祖先，慎终追远，敬本报始。

我也由此想到，尽管西风欧雨早已鼓荡韩国，现代文明早与韩国社会血肉相连，但是在骨子里，韩国还是很传统、很守旧的，传统的家庭伦理观念牢牢地植根于当代韩国民众的心坎里；眷顾家人，珍惜亲情，孝敬父母，友悌兄长，光宗耀祖，振扬门楣始终是其最重要的价值取向与生命自觉。对“中秋”和“春节”的特殊重视，所反映的正是韩国广大民众的这种集体民族意识。

从更深的层次加以考察，年复一年地过这么多形形色色、光怪陆离、纷至沓来的节日，其实应该是韩国广大民众特殊的精神风貌之写照，所体现的是他们豁达大度的人生态度，幸福平和的自然意识，同时也真切生动地呈示了他们热情执着的生命追求本色、痛快淋漓的移情放空心理。

大多数韩国人并不是太有钱，他们也要挣钱养家糊口，也要追求更富裕更体面更潇洒的生活。可是，他们并没有因此而一头扎进钱眼子里。显而易见，他们更注重的是中国道家所倡导的理想生活境界（尽管绝大多数韩国人并不知道老、庄究为何物，更没有读过《道德经》、《南华经》这类道家经典）：“全真葆性，不以物累形”。所以，每逢星期天，街头大大小小商铺大多打烊，关门大吉，原来人们多是爬山踏青去了。为了潇洒放松，人们宁可放弃生意不做，也不愿锱铢必较，天天陷入为钱忙累之中。至于正儿八经的公休节日，自然更是要解放自己，使自己彻底放松，享受轻松自由的好机会，绝对不会错过。所以，我始终认为，韩国人这么热衷于过节，闹腾出这么多的节日名堂来，恐怕潜意识里乃是为自己轻松生活、自在逍遥寻找某种合理的借口而已！

初到韩国的国人得注意，像春节、中秋这样的韩国全民普天同庆日子里，你最好老老实实地呆在自己的房间里，千万别出门上街。那时候街道上必定是空荡荡的，大大小小的商肆也必定是“铁将军把门”，你到街上闲逛只能是呼吸空气，触摸孤寂。我自己就有过这样的经历：中秋节那天傍晚，为了应时随喜，我想和一位中国留学生一起吃顿饭，结果愣是走了好几个街区，累得两腿发酸，才好不容易找到一家不打烊的小饭馆（我估计很有可能是由来韩国淘金的中国东北鲜族人经营的），未至于空着肚子回住地。

平和的反面是热烈，这就像火与冰一样混杂交织在一起的矛盾统一。既内敛又外向，既沉淀又发泄，韩国人过节也呈现了这种鲜明的对立。5月7日至5月9日，高丽大学所在的首尔城北区举办“阿里郎艺术节”。我闲着无事，就与几个中国学者结伴去看热闹。9日那天下午，天下着雨，我们冒雨来到现场，只见一大群中老年妇女，加上少量的中老年男士，身穿雨衣围着舞台，观看表演。台上的人则打着雨伞，手持麦克风，在充满强烈动感的音乐伴奏下，引吭高歌。一人唱完，就满面春风下台，继续充当观众，台下的观众高声喝彩，欢腾鼓掌，以示捧场。接着又有人从观众群里招摇亮相，登台接力，继续表演。如此轮番上场，就像是一场大型的卡拉OK大赛。

看着风雨中那些中老年妇女洋溢着热情与痴狂的脸庞，看着她们随着音乐歌声而不自觉扭动的身躯，我突然明白了，原来所谓“阿里郎艺术节”，其实是给那些长年让家务纠缠得十分辛苦的中老年妇女——“阿祖妈”们，一个放松心态、宣泄情绪、重温青春的机会。毕竟，节日不仅仅属于年轻人，也属于曾经年轻、依恋昨往的她们这一群！可见“阿里郎艺术节”在韩国诸多节日里，虽是一个不怎么起眼的节日，但同样富于丰厚的文化内涵，同样反映了韩国节日的本质特征，因为对于生活中日益边缘化的韩国中老年妇女来讲，它意味着“生命中的不可承受之重”！

不过，《道德经》说得高明：“多则惑，少则明”。韩国社会生活中节日多，本来是一种很好的文化传统，是维系传统、凝聚人心、拥抱世界、和谐社会的强大黏合剂、推动力，是韩国民众自信、乐观、旷达、优雅精神风貌的集中展示。可是到了“多如牛毛”的程度，却未免有些夸张了。节日太多，也难免会产生“审美疲劳”。尤其过节总是要有破费，快乐固然美好，轻松固然愉快，可荷包变小，账单增多，则多少是美中不足，有所遗憾。在经济这根无所不在的魔杖面前，人人都无法彻底免俗。尤其是在这些年金

让韩国中老年妇女开心快乐的“阿里郎节”

融危机降临的情况之下，人们更是有理由有必要调整自己的心态，收敛自己的快乐！

因此，近些年来，有些比较注重现实，比较在乎荷包的年轻人对过“中秋”、“春节”这种“出血”多多的节日，渐渐有了“恐惧”乃至“抵制”情绪。据韩国的报章登载，眼下有些年轻人开始以“工作忙”为托辞，不肯在“中秋”、“春节”等节日里返回老家与家人团聚。这虽然是少数现象，但却是一个重要的征兆，说明在现代快节奏、高强度的生活方式冲击下，传统的维系正越来越面临着挑战。

这种情况，在我们中国也同样存在，近些年来，作为“漂流”在北京、上海、广州等一些大城市中的年青“白领”，也往往因囊中羞涩、手头拮据或畏惧春运等原因，藏身于蜗居，“躲进小楼成一统”，而不愿回自己的家乡，探望父母亲，与家人共享天伦之乐，以至于网络上有“恐节族”这一专有新名词的流行。可见，尽管“海上生明月，天涯共此时”，良辰吉日对所有人是一样的，但面对它时，人们因个人处境际遇或心态的不同，却很可能是“几人欢喜几人愁”。

当然，在可以预见的将来，韩国的节日还是会“多如牛毛”的；而韩国人呢，也会继续从这些大大小小、林林总总的“节日”里，安顿他们的心灵，释放他们的情愫，充实他们的人生，维系他们的传统！

那么，还是让我们对广大亲切善良的韩国民众予以最美好的祝福吧：节日快乐，万事如意！

“不读书”的韩国大学生

我童年时代的同学与朋友、香港中文大学副校长、讲座教授、中国工程院院士徐君，当年在美国北卡纳罗大学任教时因出席一次国际学术会议，前往法国首都巴黎，期间曾给我寄来一张明信片，上面谈到了他在巴黎逗留期间的“惊人发现”：法国人真的很悠闲甚至懒慵，深夜在酒吧里痛饮啤酒，大白天则在塞纳河畔懒洋洋品尝咖啡，就不知道，他们是什么时候在工作！

到韩国访学，入住高丽大学IFH后，算是近距离接触到在韩国排名第二（延世大学不服，认为它才是老二）的高丽大学了。随着时间的推移，一个心中的困惑就越是强烈：韩国的大学生们，是什么时候在读书？

刚入高大，万事新鲜，免不了像刘姥姥进大观园似的，与来自南开大学的W教授等人，在美丽整洁的高大校园四处蹓跶，东张西望。第一个吸引住我的，是校园内一座小土丘那边传来的一阵阵鼓乐声。沿着小丘的台阶拾级而上，只见一群学生，有男有女，在一块山坡平地上，转着圈敲锣打鼓，旋进旋退，整齐划一。虽说声音听上去很是单调，甚至可以说是有些沉闷，但看着他们的认真样，仍教人有些感佩，因为这里面隐隐传递的，乃是青春的气息，生命的律动。

接下来连续几天，在高丽大学校园里散步时都看到了同样的场景，这就让人联想到这些鼓乐之舞的演练，也许不单纯是学生们发泄自己多余的精力，而应该是在为一次重要的活动作准备。向高大友人打听了解的结果，证实了我的推测：这的确是在为当年9月底举行的一年一度“高延”大联欢（高丽大学与另一座韩国的著名大学——延世大学之间的联谊竞赛）活动热身。

等到“高延”联欢（学生们却喜欢称为“高延大战”，看来韩国人对朝鲜战争打了三年似乎还不够过瘾）来临，整个学校几乎陷入狂欢的状态。到处是热情澎湃的人群，一张张洋溢着青春的脸庞，不同颜色的旗帜迎风飘扬，一幅幅横额与标语、广告插遍校园角角落落。至于正常的课程是否继续进行，或者说，课程虽正常开设，但究竟还有多少学生老老实实去教室，倒真的是一个大大的问号了。

青年人嘛，精力旺盛，每年里有这么一两回校园“狂欢”也不奇怪，可是我不久发现，这种学生的轻松愉快、放开身心的活动，在高丽大学校园里乃是常态。到校园散步，你时不时可以见到一群一群男女学生围坐在那里嬉笑、聚餐，“酒饮微醺，花看半开”，充分享受着阳光和清风，用自己的自由与欢快，诠释着“青春万岁”的真实内涵，揭示着“我的世界我做主”的生活理念。

除了在校园里载歌载舞，放松身心，学生们还时不时远足野外，拥抱自然。春日踏青，夏日沐浴，秋日登山，冬日赏雪，自然界美好的风光一个也不拉下。此外，各学科还有与自己专业相近的游览活动。以高丽大学史学科为例，师生们每年春秋两季通常安排有考察历史遗迹的计划，如参观百济历史文化遗址、探访新罗朝历

风景如画的韩国高校

史文明成就等等。

平日里是小节目层出不穷，令人眼花缭乱；遇到重要日子则是大场景高潮迭起，教人热血沸腾。除“高延大战”外，每逢一年一度的学生会改组竞选、每年两回的毕业典礼举行、“3.1”“4.18”等纪念日的庆祝、每年5月5日的高大校庆日的纪念等，那整个高丽大学就成了人的海洋，花的世界。这时候，那些喜欢安静的人就需要考验自己的耐心，要充分做好白天黑夜都可能失眠的思想准备，因为这些特定的日子，属于对未来怀有蔚蓝色梦想的青年学子，属于永恒不竭的青春活力！

这些活动都由学生自己组织，学生是真正的主宰。在高丽大学，学生会、形形色色的学生社团是广大学生的真正灵魂，体现出强大的组织协调能力。它们组织各类比赛，举办各种讲座，召集各个演出，把广大同学团结在自己的周围。正因为它是培养未来各界领袖人物的摇篮，有抱负的青年学子都热衷于成为其领导层的一分子。正所谓“要当领导者，先做孩儿王”，所以，每年高丽大学学生会改选的竞争异常激烈，候选人到处张贴标语，竖起横幅，散发广告，巡回演讲，争取粉丝，冲高选票。

当然，学生会组织功能的突出与行之有效，也是校方管理层以学生为本教育理念指导下长期予以扶持的结果。一座比文科大学（按：在韩国，“大学校”等同于我们常说的“大学”，而“大学”相当于我们常说的“学院”）主楼建筑还要气派的学生会馆建筑，已经有力说明了在高大之内，学生所占有的地位究竟有多高，它也揭示了一个最普通最简单的道理：在大学里面，广大学生才是真正的主人，而学生会、各类学生社团，正是使这种主人翁的意识得以具体化的重要载体。

正因为学生具有这么高的地位，所以重要的政治人物也经常进入学校，和学生们套近乎，搏感情。2008年是韩国总统大选年，那些觊觎总统宝座的政治人物纷纷加快了深入校园的步伐。5月5日是高丽大学校庆日，学校请来几位大牌歌星在“化汀体育场”举行盛大的露天音乐会，据留学生X君相告，门票卖到6000元韩币一张，可依旧是一票难求。韩国大国大党的总统候选人、民调居于第一的前首尔市市长李明博，是高大毕业的校友，他当然不会轻易放过这个机会，也兴冲冲赶到音乐会的现场凑热闹，与诸多学弟学妹握手示好，套套近乎。不过，当今韩国的学生早已失去了当年反全斗焕、卢泰愚高压统治的那股热情，“万事不如杯在手，一年几见月当头”，大多对政治缺乏兴趣，对他的热情报以冷淡的态度。李明博先生内心肯定不爽，颇感失落，可表面上却还得继续装出一副开心、自然的样子（脸上挤满假笑，是民主社会政治人物走向成功的通行证；口中充斥谎言，是专制世界权势老大稳定秩序的护身符）。看来，在民主国家里，当一个政治人物也真不容易。

韩国的学年时间，安排走的是国际通行的途径：春季3月1日开学，6月中旬结束；秋季9月1日上课，12月下旬（圣诞节之前）终了。合在一起，一年也不过7个月左右的上课时间。更加搞笑的是，韩国的节日又特别的多，一年之中。“檀君开天节”、“光复节”、“独立节”、“显忠节”、“佛诞日”、“中秋节”、“复活节”……一个接一个，纷至沓来。而一遇上这些节日，学校就按例放假，不打任何折扣。再加上期中考试周、期末考试周停课复习，这七除八扣下来，韩国大学生真的没有几天正经上课的时间了：文艺联欢、体育比赛、佳景观光接踵而来，国家的节日又如过江之鲫，多得不可胜数，学生们什么时候读书学习，这实在让人百思不得其解！

不过，更让人诧异的是，韩国大学生的学术素质与研究能力似乎并不逊色，毕业后发展的潜力与空间依旧可观，这是否表明，对年轻大学生而言，注重能力培养远远比知识灌输要来的重要，与其死读书，不如巧学习；与其拘泥照本宣科，不如追求提升效率。我们知道，中国西周时期的“六艺”，是培养“全人”人格的，德、智、体、美全方位发展，有精神思想的指导：“礼”、“乐”，有自然科学知识、文化技能的掌握：“书”、“数”，也有军事技能、操作实践能力的培养：“射”、“御”。但孔子之后的“六艺”却变成了纯粹的课本、书本知识。这是学习的“沉沦”，要知道：“学习”，一个词有两层意思，不是偏正结构，而是一个并列结构。“学”，首先是从知识层面上学，是被动的、灌输性的学；“习”，是练习，是在实践中练习它、升华它，然后真正成为自己的知识。本来“学习”是个很好的词，可现在我们今天的高等教育中，却只有“学”，而很少有“习”的成分了。这正是近些年来中国高等教育每况愈下，千夫所指，一蹶不振的根源之所在！

应该说，这方面“不读书”的韩国大学生为我们提供了可贵的启示。

乞丐也有尊严

君不见，“丐帮”早已成了金庸多部武侠小说中的重要角色，而《苏乞儿》也是一部具有较高人气的娱乐性电影。古今中外，都有乞丐，韩国也不例外。

在韩国，我第一次遇见乞丐，是在地铁上。当时，我正搭乘首尔的2号线地铁前去我这一年的“衣食父母”——韩国高等教育财团办事，途经新川站时，突然听到从车厢的另一端，传来一阵悦耳的音乐声。睁眼望去，只见一位上了年纪、两眼盲瞎的妇女正缓缓地向车厢这一头走来。她衣着整洁，神态安详，胸前挂着一只小巧玲珑的收录机，一手拄着拐杖，一手拿着小盆，从坐着的乘客跟前慢慢经过（不是上下班高峰时段，韩国的地铁一般无人站立，总有位置可坐）。偶尔有几位乘客向她手上的盆子里放入硬币。

我明白了，这位衣着打扮与常人基本无异的失明老妇人原来是位乞丐，而那音乐声也来自于挂在她胸前的那架收录机，这似乎是在温馨地提醒地铁车厢里那些闭目养神的乘客（韩国人乘坐地铁，落座后不是低着头心无旁骛阅读书报，就是阖眼假寐养精蓄锐，故车厢里相当安静，很少遇上国内地铁上惯见的那种喧闹场景，这也体现了绝大多数韩国人的基本素质）：我需要大家的帮助，请各位给予同情和关照吧。

后来，我又数次在首尔地铁和街头遇见过乞丐。他们中有男的，也有女的；有比较年轻的，也有相当苍老的：有神态自然举止从容的，也有神态羞涩举止局促的。其中，给我留下最深刻印象的一位，是市区商业中心“明洞”（相当于北京的王府井、上海的南京路）天主教大圣堂附近的唱歌老人。他总是坐落在一辆破旧不新的轮椅里，胸前挂个麦克风，按着收录机播放的音乐旋律，一首歌接着一首歌地唱，似乎从不间断，沙哑的声音里透出浓浓的苍凉与落寞，让人们感受到人生的无奈与生活的抑郁。无论是朔风呼啸、寒气袭人的日子，还是烈日炎炎、高温溽热的季节，他总是出现在同一个地方，做着同一件事情，为自己的生存作坚韧的战斗。

社会上存在乞丐现象是世界各国的共性（矛盾的普遍性），而共性之中却有个性（矛盾的特殊性）。我所见到的韩国乞丐就有自己鲜明的特点，尤其是把他们拿来和国内的乞丐现象相比较，我不得不承认，两者还是颇见差异：在韩国乞丐身上，所呈示的也许是更文明、更积极的境界。

与中国各个城市里遍地都见乞丐的现象不同，韩国的乞丐数量要少得多，我也只是偶尔遇见过几回。一个很重要的原因，我觉得是构成乞丐群体的人员来源有区别。在国内，我们经常看到四肢健全、耳聪目明的正常人沿街乞讨；而在韩国，我所见到的为数不多的乞丐，都是无法正常谋生的残疾人士，他们或双目失明，或手脚残废，不得已只好走上街头，进入地铁，祈求他人的帮助。换言之，国内的乞丐之中，不能排除好逸恶劳做寄生虫的成分，而韩国的乞丐，则恐怕的确是出于维系生计的无奈选择。

韩国的乞丐，大多衣着整洁，如果去掉他（她）手中用于乞讨的碗盆工具，就几乎与普通人一样，不大能看出他们特殊的“职业”性质。没有褴褛肮脏的落魄相，更不见蓬头垢面的恶心样，经过你的身旁也闻不到国内乞丐身上常常弥漫的那股特殊气味。因此，和他们近距离接触，你或许不至于有什么不自在，更不会滋生厌恶与躲避的情绪，而只有同情与怜惜。孟子有云：“恻隐之心，人皆有之。”至少他们唤起我的内心感受是这样。看来，韩国的乞丐不自觉地在诠释生活中一个最为简单朴素的道理，即便是不幸而

韩国首都首尔清溪川——闹市中的小憩佳处

成了乞丐，也得注意起码的个人仪表，这是对自己的尊重，而只有率先自我尊重，才不会招人厌恶，令人嫌憎，因而从别人那里赢得应有的尊重。

韩国的乞丐行乞的方式也显得比较文明。在国内，我们经常会遇上这样的情况：当你经过乞丐面前时，就会满耳朵塞满“行行

好”之类的乞讨声浪，甚至围着你大声嚷嚷索钱要物，扯住你的衣袖裤腿强求你“出血”。这种现象，在韩国乞丐身上是绝对不可能发生的。就我所观察到的现象而言，他们乞讨时从来不主动张口，只是安静地从你跟前经过，或者是在街头拉琴唱歌，没有任何骚扰纠缠他人的意图与行为。你可以若无其事地从他（她）身边经过，而无需有任何的防范心理和躲避意识。当然，如果你善心发现，我佛慈悲，向他（她）的碗盘里放入硬币或纸币时，他（她）会朝你深深地鞠上一躬，并开口（哑巴除外）对你说上一声“柯马斯米达”（“谢谢”）。韩国人比较爱讲礼貌，乞丐似乎也一样。

在国内，人们似乎都厌恶乞丐。蒙古人统治的元朝时人分四等（蒙古人、色目人、汉人、南人），业划十类，有“九儒十丐”之说，乞丐位于社会最下层，连“臭老九”读书人都不如，更不必说去和娼妓们较真高下了（人家可是“老八”）。今天也是一样，人们见了周遭的乞丐恨不得躲得越远越好，对他们是彻头彻尾的鄙视与厌憎，唯恐在他们那里沾染上晦气。但是，在韩国情况却多少有些不同。据我观察，人们投向乞丐的眼光中并没有鄙视的成分，你可以不掏荷包眷顾他（她），但却无资格厌憎他（她）。实际上，韩国社会对乞丐还是宽待的，城管执法人员并不干涉他们的正当行乞，更没有驱赶呵斥乞丐的现象发生（至少我本人不曾见过这种情况），恰恰相反，有关管理部门还给乞丐提供必要的帮助。据韩国朋友介绍，乞丐胸前挂着的收录机，就是由市政当局发给的。可见，市政当局对乞丐实行的，乃是充满“人性化”的管理方式，这才是“和谐”社会的具体写照。

最让我这样的“外人”感到惊讶和震动的，是韩国乞丐身上所体现的做人“尊严”。

有一个细节，颇能说明何谓“尊严”地活着：在地铁上，常有人上来后挨个给车厢里的每位乘客的腿上放上一小盒口香糖，过上几分钟后，他（她）又走过来一一收走。这时，你可以给1000元韩币，然后留下口香糖；也可以无动于衷，让他（她）取回口香糖。一盒口香糖的价格是500元韩币，你出1000元，等于是赠送给他（她）500元。不过，这样一来，事情的性质也就有了悄悄的改变，即：你这不是对他（她）居高临下式的“施舍”，而是出于同情用高价购买了他（她）的口香糖，两者之间不再是“乞讨”与“布施”的关系，而成了一种类似于“买卖”的关系，彼此人格上就相对平等了。

这真的是很巧妙的行为方式。它意味着，韩国的乞丐尽管遭遇人生的大不幸（身体残疾、工作技能丧失等等），沦落到不得不依赖他人与社会而生存的处境，但是，在骨子里却依旧追求着属于自己的那份做人的“尊严”，为此，他们保持比较整洁的仪容，避免去骚扰他人的正常活动，甚至进而设想出变“布施”为“交易”这样的招数，从而或多或少地建立起在普通世人面前的“尊严”。

“站直了，别趴下”。一个人也许可以被打败，但永远不可以被打垮。韩国的乞丐用他们的实际行动，印证着这条永恒的人生哲理！

房价猛于虎

——韩国的居住压力

“诗圣”杜甫在其《茅屋为秋风所破歌》一诗中长吟道：“安得广厦千万间，大庇天下寒士俱欢颜，风雨不动安如山。呜呼，何时眼前突兀现此屋，吾庐独破受冻死亦足！”可见，早在古代，住房就是一个关系到千万人生活，且又解决难度颇大的问题。

时至今日，这住房难题，依旧是积重难返，让人一想起来就挠头，可又不得不面对正视。尤其是近几年，经济像脱缰的野马发疯似的狂奔，这中间，房地产业的“繁荣”称得上是关键性的因素。据说，中国经济的“GPT”总额中，房地产已占了三分之一左右了。以北京为例，四环线内的房价似乎没有低于3万元一平方米的，六七万一平方米的“天价”亦时有所闻。在两位数上涨的房价面前，绝大多数的“工薪族”只有一个选择，就是义无反顾、前仆后继成为可怜的“房奴”一族。

当然，这房价的高得离谱，也不属于咱们中国的“国粹”，韩国在这方面一点也不比我们逊色。近些年来，韩国的执政党——开放国民党越来越遭到韩国民众的质疑，在各级地方议会的选举中丢盔卸甲、一败涂地；“平民”总统卢武铉不招“平民”喜爱，支持率一落千丈，跌至不到两位数的尴尬地步。原因固然是多种多样的，包括经济的不够景气，对朝鲜的“阳光包容”政策一再受挫，但是，房价以火箭速度向上窜升，广大民众“望房兴叹”，恐怕是其中最最重要的因素。当民众为安身的瓦屋而愁肠百结之际，让他们再来向当权者欢呼喝彩，不啻是天大的梦呓。这样的春秋大梦，不做亦罢！

稍加观察，韩国的房价果然真是恐怖得吓人，尤其是都城首尔的房价，足以让人叹为观止。高丽大学的标志物是老虎，而首尔的房价则远比老虎来得厉害。套用一句中国古代的成语“苛政猛于虎”，就可以说是“房价猛于虎”。在沉重的房价压力下，韩国人大多活得很辛苦，活得很无奈，堪与国内的工薪族“房奴”同病相怜，泪眼婆娑相对！

在首尔，又以江南一带的房价高得离谱，引领韩国高扬房价的潮流。“江南”指的是首尔汉江以南的地区。那里的狎鸥亭、三成区等，是典型的黄金地段。如罗得奥街被誉为最新流行的商品集中地；Galleria百货商场的时尚馆被视作是引领韩国流行时尚的中心，等等。正因为如此，江南也就成了首尔市首屈一指的富人区。

如果一个韩国人告诉你，他的家住在“江南”，那么就可以基本肯定，即便他不是富豪，但也绝对不会是穷人。换句话说，家住江南，是标志一个首尔人身价富有的亮丽名片；能入住“江南”，是衡量一个首尔人事业是否成功的条件之一。我所认识的韩国大学教授，大多居住在江南；而讲师、待业博士、乃至副教授们，则很少有在江南居住的，就是很好的证明。

韩国人也很爱面子，总是希望努力证明自己属于成功人士。为此，他们选择最最明简捷了的做法，这就是千方百计在江南置购房产，为自己的地位作出最权威的诠释。这样一来，就拉动江南一带的房价直线上升，居高不下。我认识一位韩国的金姓商人，他早年毕业于韩国外国语大学，曾在韩国第一大公司——三星公司当过高级职员。后来为了挣更大把的钞票，他离开三星集团，下海自己办公司，长住中国的绍兴，做布料营销的生意。几年下来，他发家致富了，住所也相应有了变化，由江北的京东市场一带，搬迁至江南地区的“大清”社区，成为了江南富人区中的一员。

民族风格鲜明的韩国传统建筑

承蒙他的热情相邀，我曾到他大清的新居做客。他大清的公寓是三室一厅的格局，面积不算太大，也就120平方米左右。可他告诉我，他为购置这套公寓花费了整整9亿元韩币（在2007年这相当于720万元左右人民币）。这的确是一个令人咋舌的数额，算是让我对韩国首尔的高房价有了一个直观而具体的印象。

韩国在岗人员的平均月工资为200万元韩币左右，即便是社会地位尊贵，经济收入丰厚的教授，月薪也不过800万元韩币上下。那么，要购置9亿元价位的江南普通住宅，意味着一个中等收入的韩国人，不吃不喝也需要30年左右。所以，对绝大多数首尔人而言，要在富人云集的江南地区拥有一套自己的房子，似乎是一个遥远不可企及的梦想；而对于已经进入社会中上阶层的教授来说，这样的房价，也足以把自己多年辛苦积攒的财产“洗劫一空”，沦落为外强中干的准“穷人”。

所幸的是，韩国是一个民主社会，政府驾驭不了失控的房价，选民们却可以用选票来驾驭这个政府。数年一度的韩国总统与国会大选，这时候选民们就有机会来对台上的执政集团作出评判，指摘得失。如果届时真的出现了政权更迭的局面，我想，房价居高不下一定是其最大的“票房毒药”了（后来的事态发展，证明了我的判断，开放国民党在总统大选中一败涂地，而大国大党的总统候选人李明博则如探囊取物似的，轻松赢得大选，入主青瓦台）。当然，新的执政者粉墨登场之后，首尔的高房价是否真的能受到平抑，那仍然是只有天知道的事情！

“己欲立而立人，己欲达而达人”，将心比心，出于对广大韩国民众的友好感情，我衷心祝福他们抑制房价飞涨的心愿早日得以实现！

匪夷所思的韩国物价

在韩国访学一年，绝大部分时间都傻呆在首尔，其他韩国城市只是偶尔“巡幸”而已，且通常有人尽其地主之谊，无需敝人自掏腰包。所以，这里谈论韩国的物价，是以首尔为“解剖的麻雀”。

一般来说，外地城市的物价普遍要低于首尔一些，这是“长安米贵，居大不易”的规律在起作用，但是相差也不会太远。这样，为叙事方便计，我就拿首尔的物价说事吧。

韩国物价的昂贵，我在到韩国之前就有所耳闻，不过，只有当自己真正踏上韩国这片土地后，才对“昂贵”这个字眼有了形象而具体的体验。的确，与中国国内相对低廉的物价相比，韩国大多数同类商品的价格，要高得多了，尤其是与人们生存关系最为密切的“吃”的这一块，其消费价格水平之高，可以说是令人咋舌，一点也不夸张。

在韩国，最贵的东西，可能首推水果。除了香蕉、橘子等少数品种外，大多数种类的水果都贵得离谱。一个极其普通的苹果，售1000元韩币（相当于8元多人民币）；一根小小的黄瓜，售500元韩币；两个不起眼的西红柿，售1000元韩币；一个油桃，售1000元韩币（韩国的水果在农贸自由市场通常按个为单位出售）；半公斤草莓，开价4000元韩币。韩国人的工资收入，虽然普遍比一般中国工薪族来得高，但是面对这样昂贵的水果价格，在掏腰包之前也不免要有些踌躇了。

水果如此，肉类的价格也一样贵得出奇，尤其是牛肉，真的是贵到了令吾侪不敢轻易问津的地步。一公斤上好的韩国牛肉，售到了9万元韩币。据《朝鲜日报》报道，这个价格是美国洛杉矶同类品质牛肉价格的四倍。

相对于牛肉，韩国的猪肉、鸡肉要相对便宜一些；但与我们中国相比，依旧要贵得多。另外，同样是猪肉，不同部位肉的价格差别也很大，瘦肉比较便宜，五花肉、排骨就颇为昂贵，以至于韩国民众把吃烤猪排视为一种比较奢侈的享受。

吃不起肉，那就改吃蔬菜。其实这是一种错误的想法。韩国的蔬菜价格也不菲，油菜、芹菜、青椒、蒜薹、蘑菇、芋艿、花菜、胡萝卜、韭菜等动辄就是数千元韩币一斤，这还是在京东市场这类农副产品自由集市里的价格，倘若在超市里，价格还得上涨乃至翻倍。农历春节之前，我到京东市场购置年货，四个小小的柿子椒，居然要向我索取5000元韩币，这也实在有些夸张了。当然，蔬菜中有些品种还相对便宜一些，如萝卜、土豆、洋葱之类，可老是与它们打交道，终究会倒胃口，见了就烦。

这还是自己购物，料理打发一日三餐情况下的物价状况，若是到街头进食，那花费更是让人咋舌。韩国已是相当发达的民主社会，发达社会的基本特征之一，是劳动力值钱；劳动力值钱，则服务费用成本大涨。于是乎，韩国的餐饮业收费之高，可以说是“宰你没商量”。

韩国人身体虚弱时，喜欢喝粥，这大概是由于稀粥这东西肠胃

圣诞节“平安夜”明洞街头一瞥

易消化，营养易吸收。人有所好，店家在价格上便层层加码，结果小小一碗稀粥，可以卖到6000～8000元韩币。面条系寻常之物（在韩国大米甚贵，面粉便宜。两者价格之比在1：4左右）。我在高丽大学附近的一家小面馆吃过一碗凉面，不见肉星沫的影子，一筷子下去后，第二筷子就几乎捞不着面条了。可就是这样的玩意儿，也让我破费了4000元韩币。

若是到稍稍像样的饭店进餐，则更需要有承受天文数字价格的心理素质。我在高丽大学的合作导师朴教授曾邀请我和南京大学历史系的F教授到三成富人区一家五星级大饭店就餐，每人花费6000元韩币，就吃了一块巴掌大的牛排；祥明大学金教授请我在明洞的乐天百货商场餐厅吃饭，我为替他省钱计，主动选点了最便宜的伴饭，结果每人也得花9000元韩币；“明洞饺子”颇有名气，上了韩国旅游图册，专门推荐，我母亲在韩国观光期间，我曾陪着她老人家慕名前去尝鲜，结果大失所望，不仅味道没有特殊过人之处，而且价格有些离谱，几筷子面条，四只小饺子，就是6000元韩币，真可谓“盛名之下，其实难副”！更让人感到郁闷的是，在韩国街头餐馆就餐，不但不能吃好，而且有时候还不能吃饱，回到住所往往得再煮方便面加餐。

贵远而贱近，“月亮是外国的圆”，这恐怕是人类共同的天性。与韩国饮食相比，日本料理、中国菜肴的价格称得上是“百尺竿头，更进一步”了。

一次，一位韩国朋友出于好意，想让我这个游子在异国他乡重温中国饮食的滋味，就带我到坐落于狎鸥亭地区的一家名为“孔乙己客栈”的中国菜馆就餐。落座甫定，主人出于礼貌，力劝我来选定菜肴。我一看菜单，就傻眼了。其价格之昂贵，令我几乎丧失勇气点菜。最后我净捡最便宜的点，也依然教这位朋友大大破费了一回：鱼香肉丝1.8万元韩币，香菇菜心2.3万元韩币，麻婆豆腐1.7万元韩币，连一盘凉拌三丝居然也要8000元韩币。令人不甘心的是，价贵量少就算了，可味道也大不地道，一点不正宗，典型的打着“中国菜”招牌，在那里“圈钱”呐。

除了饮食，韩国日常生活用品的价格也是相当昂贵的。一个普通旅行箱，动辄上10万元韩币，一顶遮阳帽，也是数万元。当然，地铁车站内的小卖场，京东市场这样的路边屋的日用品价格，相对便宜得多。1万元韩币可以买到一双皮鞋，1000元韩币可以买到一支牙膏。可是，那里的衣服、鞋类，大多是我们中国制造的，正宗的韩国货比较难买到。看来中国真的为全世界的穷人维持生活做出了重大贡献，对世界广大普通民众来说，中国产品就是廉价的代名词。倘若没有大量中国货的济急，韩国人的生活，恐怕还得降上几个档次。

韩国物价之昂贵，可以说是全方位的。这在“居”的方面同样有所反映。我在高丽大学访学期间，租住了高大IHF的公寓。小小一间房子，每月租金是49万元韩币，相当于人民币4000元。这样规格的房子，即使在国内房价最贵的北京、上海，估计也就是1000元左右租金（这是以2007年度为坐标推测的）。我所在的高丽大学，地段不算好，如换成了在“新村”延世大学一带，同样的房子，月租金当在60万元韩币以上。当年诗人顾况调侃白居易说，“长安米珠薪桂，居大不易”，用来形容韩国普通民众的生活，这倒是非常贴切的说法。

韩国物价的昂贵，不仅仅让我这样的中国“穷”教授捂紧腰包不敢随便花销，而且也使得当地普通的韩国民众普遍感到活得太累，于是它便成为了政治人物互相攻讦、新闻媒体批评议论的重要对象。

如《朝鲜日报》在2007年5月16日就发表了题为《韩国物价高出国际标准》的社论。文中指出：在位于首尔钟路区中心“星巴克”咖啡屋买中杯的卡布奇诺咖啡，要花3800元韩币，而在位于日本东京市中心的王宫附近的“星巴克”，同样的咖啡只售折算后的2800元韩币；在世界任何一个地方质量和大小都大致一样的麦当劳“巨无霸”汉堡的价格，首尔为2900元韩币，而香港则为1500元韩币。该社论强调，首尔的物价已超越了日本东京，以城市逗留费用为例，一天的餐饮费首尔以220美元居世界第二位，仅次于世界富豪的度假胜地蒙特卡罗，而以物价昂贵著称的日本东京的餐饮费则只有每天158美元。在社论的作者看来，首尔乃至整个韩国的物价肯定

首尔清凉里京东市场内的药铺

是出了问题，其昂贵有人为的因素。为此，他呼吁政府、企业和市民团体“应该与物价展开正面斗争”。很显然，韩国居高不下的物价，已经成为一个严重的社会问题和政治问题。在某种程度上，它甚至已经是韩国进一步发展过程中需要努力突破的一个瓶颈了。

当然，韩国物价的昂贵也不可一概而论，它也有一些商品的价格是比较低廉的，这包括衣食住行各个方面。如雀巢三合一速溶咖啡、麦斯威尔三合一速溶咖啡，在Homeprus商场里有时竟贱卖到7000元韩币180包，这就比中国国内同类商品要低廉一半以上的价格。又如鸡蛋，2500元韩币能买到30个，也算得上是价廉物美。另外，超市商场里经常有商品的一加一促销，使价格大幅降低，保证了低收入的家庭能够维系生计。至于京东市场这样的农贸自由场所，有时可以用1000元韩币换回四五个大萝卜、一大堆土豆。穷人们想养家糊口，应该说没有什么问题。

更值得注意的是，饱受国人痛诟的行业垄断现象，在韩国似乎是不存在的。以邮资费用为例，在韩国，一封寄往欧美的国际信函，资费也就区区500韩元，而在中国国内，则需要花费人民币十余元，且尚在不断调资上涨之中。尤其可笑的是，我们国家的邮政部门居然还在那里抱怨自己是亏本经营。真应该让这些站着说话不腰痛的家伙来韩国考察一番，看看人家是怎么运作的！难道人家就不计成本？又如，在韩国打国际长途电话，也非常经济，一张1万元的国际长途电话卡，往中国国内打电话，可以通话近300分钟，至于手机单向收费，则更不必说了。相形之下，在国内给韩国打电话，80元人民币（即1万元韩币），大概也就讲上十多分钟而已。其昂贵实在教人百般无奈。

可见，中国与韩国在物价上的最大不同，是中国垄断行业的服务价格离谱的高，开放竞争的产品价格出奇的低；而韩国的情况则正好相反，企业大财团的服务价格竞相走低，普通行业的商品价格水涨船高。前者，是让极少数人凭借行业垄断，牟取最大的利益；后者，是让最大多数的生产经营者，依赖商品竞争，获得合法的好处，两者的优劣高下，无疑立判！

韩国的教授

这些年，国内教授的声誉直线下降，有关教授的各种负面新闻消息常常见诸报端，教授嫖娼、教授造假、教授剽窃、教授发飚、教授互讼、教授走穴、教授“潜规则”，乃至于教授被杀之类的现象有如雨后春笋般的滋长、蔓延，成了形形色色媒体乐此不疲的炒作对象。流波所至，影响所及，是原来享有清誉的“教授”一职越来越失去人们的尊重，其头上的“光环”被打个粉碎，终于从高高在上的半空，跌落到满是泥泞的大地。有网民更发明一个词汇，用“叫兽”来称呼那些失德无行的教授。

其实，今天教授地位的沦丧也不奇怪。在以往，要当上教授可真不容易。我的硕士生导师黎子耀先生，1927年入国立武汉大学读书，师从李剑农、刘永济、吴芳吉、苏雪林等名家宿儒，1940年受聘到国立浙江大学执教，与谭其骧、缪钺诸先生为史地系的同事，过从甚密，次年即定级为副教授。然而，这副教授这一当就是近四十年，直到1979年才在杭州大学晋升为教授。又如，山东大学长期以来，以文史哲见长，享誉海内外，可中文系标榜“四大金刚”（陆侃如、冯沅君、高亨、萧涤非），历史系宣称“八马共槽”（杨向奎、张维华、郑鹤声、王仲荦、童书业、黄云眉、赵俪生、陈同燮），教授数量也是屈指可数。可见，在当时，教授的确是高校教师精英中的精英。说起教授，给人的印象就是温文尔雅，学富五车，道德文章俱臻一流的谦谦君子（其实也不尽然，尤其是面临“反右”、“文革”等政治风雨时，他们中间为数众多的人，也一样鹦鹉学舌，也一样落井下石，也一样卖友求荣，也一样为虎作伥，真正有风骨的也不多，能像陈寅恪先生那样践行“独立之人格，自由之精神”者，更是凤毛麟角）。

可在今天，教授数量早已到了车载斗量的地步，有些重点大学的老牌院系，教授的人数占了整个教师队伍的一半以上，一块砖头掉下来，就可以砸死一大堆教授。敝人家乡的一所高校，上世纪70年代末刚开张时，全校上下也就是二三个教授，可如今早已人数过百。俗话说，“物以稀为贵”。教授既然是批量生产，以几何级数

高丽大学校园风景

而非算术级数递增，人人都觉得挨到年头就该升任（至于学问究竟合不合条件倒不乐意去考虑），那么“谷贱伤农”，教授的身价自然也只能是江河日下，一落千丈！

“林子大了，什么鸟都有”。教授队伍吹气球似的膨胀，其结果必然是鱼龙混杂，泥沙俱下，中间出几匹害群之马，也不是令人诧异的事情。可是，社会上仍然是按原先的教授形象来观照检验今日的教授表现，这无疑会大失所望，于是群起而攻之，教授便成了众矢之的。应该说，这虽然不尽公平，但却完全可以理解。因为在物欲横流、世风日下的今天，人们是以“教授”这个清流群体为最后防线的。现在这条防线都毫无悬念地被突破了，人们的失望可想而见，就不能不大张鞭挞。

的确，复旦大学经济学院院长某教授嫖娼曝光，报纸会作重要社会新闻来报道，若是换了一个民工下窑子被抓，还会有哪家媒体关注和炒作？北京交通大学某教授与女考生玩“潜规则”丑行败露，顷刻成为网络上的大热点，口诛笔伐，铺天盖地，但如果是张三光棍与隔壁李四娘子偷腥嘿咻，则会让网民们热血沸腾，义愤填膺吗？

所以，我觉得社会大众对当下某些教授丑陋行径的声讨、挖苦乃至咒骂，其实体现了他们对社会公道正义还有最后一丝的期待。如果哪一天他们连“教授”都懒得骂了，那么我们这个社会也就真的无药可救了！

到韩国一年，我很自然接触了许多韩国的教授。作为“同类”，我有意识地关注他们的生存状况，看看他们究竟有哪些不同于我们的地方。

发现之一：韩国的教授队伍规模不曾失控。韩国高校的教授，是比较严格按学科岗位设置的。每个学科、每个研究方向，教授的数额都有相对严格的规定，一般没有随机性的变通与突破。像高丽大学史学科中国史专业，就划分为三个方向：上古史、中古史、近现代史，每个方向设一个教授。老教授若是不退休，那么，其他人就不得晋升。你如果不乐意，可以走人，到其他高校去应聘教授，竞争上岗。这样一来，整个教授的数额就被严格控制在一定的范围之内，从而保证了其队伍的相对稳定性，绝不会出现国内那种“博士贱如狗，教授满街走”的不正常现象。

发现之二：韩国的教授生活待遇相当优渥。与香港的大学教授，尤其是讲座教授的神仙境遇相比（我一位在香港中文大学任讲座教授的同学，每月月薪是20多万元港币），韩国教授的月薪尚不算太夸张。但是在韩国国内，他们绝对算得上是比较富裕的阶层：新任教授的月薪在500万韩币上下，资深教授的月薪可达1000万上下（相当于8万多元人民币——注：这是2007年的汇率，现在的人民币坚挺，韩币贬值，也就是6万多元了），而且旱涝保收，不发生特殊情况可以一直干到退休，退休后还有一笔相当丰厚的养老金（公立大学教授工资低于私立大学教授，但养老金要高，私立大学教授的情况恰好相反，平衡下来，两者基本扯平）。这样的收入，可以确保教授们过上安逸舒适的优雅生活，而不必像中国一些教授（主要是文史哲等人文学科收入拮据、生活清贫的教授）那样靠爬格子或多吃粉笔灰来挣外快贴补家用。所以，韩国高校里的教授大多能够心平气和把主要精力投放在教学与研究上，潜心治学，心无旁骛。

另外，像首尔大学、高丽大学、延世大学等重要高校，教授一般都有国家课题项目，这些项目费到了其手上，可以完全自由支配，吃饭喝咖啡刷卡消费便可，而不像国内的课题经费报销关卡多多，结果变成电脑年年换，动辄乘坐飞机满天飞，造成更大的浪费。如果考虑到自由支配课题经费这个因素，韩国教授的生活舒适指数还可以有上调的空间。正因为教授岗位如此优越，人们看教授

藏有大量汉文典籍的首尔大学奎章阁

的眼光也充满着尊敬与羡慕，至少是婚姻“卖方市场”上的最热门“抢手货”。我曾经听到过这么一个传言，说是一个人如果当上教授而琴瑟未谐、孤枕独眠，那么，大公司老板就会通过“媒探”（演艺界有“星探”，从事婚姻介绍的那就是“媒探”了）主动找上门来，推销其家中的“千金”，一旦成事，大老板就会送给这位“钻石王老五”教授三把钥匙：一把开宝马车的锁，一把开Big House的锁，一把开办公室门锁的钥匙。这传言是否属实，尚有待

考证，但是它的确多少反映了韩国教授的人气指数之高。中国传统戏曲中那些落魄秀才的美梦——“洞房花烛夜，金榜题名时”，“春风得意马蹄疾，一日看尽长安花”，看来在韩国更有实现的机会，无语！

发现之三：韩国的教授上岗竞争异常激烈。人性趋利避害，古今中外，概莫能外。司马迁说：“天下熙熙，皆为利来；天下攘攘，皆为利往”，实为不刊之论。在韩国，教授的岗位既然数目有限，教授的待遇又是如此优渥，那么，教授的上岗竞争之异常激烈也就很正常了。当一个学科方向的教授岗位因各种原因而出空缺之时，就会向校内外公开招聘。这时，就会涌来一大帮竞争者争抢这个位置，而最终结果，得意的只能是一位，绝大多数人不得不空手而归。

为了赢得竞争的胜利，设局者与当事人都施尽浑身解数，或纵横捭阖，或欲擒故纵，或剑走偏锋，或勾心斗角，奇招迭出，昏天黑地。“厚黑”之道的表演一样淋漓尽致，“关系”之学的因素一样水银泻地。地缘、学缘、人缘，样样不可欠缺，占先机者往往得天下。毕竟同属东方文化圈，谁都能把《孙子兵法》、《三十六计》玩得出神入化，无师自通！但“且看剃头者，人亦剃其头”，有时候，权谋玩过火了，也会闹成两败俱伤的结局。如高丽大学史学科出缺中国上古史的教授岗位已有多年，但迄今为止还无人选加以填补，这个中的原因非常复杂，据说其内部的人事纠纷造成每年聘任流产乃是其中的主要因素之一，你提议聘某人，他就会拿出许多冠冕堂皇的理由加以阻挡，而他推荐某人，则你同样寻找到不少似是而非的依据进行杯葛，“公说公有理，婆说婆有理”，锱铢必较，寸步不让，结果是双方旗鼓相当、僵持不下，只好年复一年地重复老戏码——争锋你死我活，聘任无疾而终，让中国上古史的教授职岗一直空缺在那里。

发现之四：韩国的教授普遍注重个人形象。教授岗位来之不易，教授的声誉在社会上得到广泛认可。所以，一旦走上这个位置，人人都在乎他人的评价，都爱惜自己的羽毛，处处避免任何有损于个人形象的行为举止发生。这除了在事业上锲而不舍、追求卓越，以证明自己的知识水平、学术贡献、学术能力之外，也体现在日常的一些具体而微的生活细节之中。像我的合作教授朴先生，每次与我见面时，都要打上领带，套上西服，搞得散漫惯了、不修边幅的我也只好依猫画虎、衣冠楚楚。至于参加学术讨论会、给学生授课、出席各种典礼仪式等等，韩国高校的教授们更是十分注重仪容的整洁端庄，西装革履，一丝不苟。穿衣着装当然是小事，可就是这种细微之处，很好地反映了韩国高校那些教授的一种文化素质，一种生活态度，即以整洁的仪容来表达自己的认真精神，表达自己对他人的尊重，而尊重他人，也恰恰是尊重自己。

在学生面前，教授个个展示“大牌”的气派，不苟言笑，高深莫测，昂首阔步，旁若无人，真正的不怒而威。而做学生的见到教授，也如同老鼠见猫似的，垂手肃立，侧身让道，低眉请安，鞠躬如仪，亦步亦趋，把“尊师”之道具体地外化在一举一动之中。就这样，韩国的教授以注重自己仪容的方式，无形中凸显自己在社会上的超然地位，默默维系着自己的精神尊严与文化清誉！

咬定青山："待业"的博士

明末清初思想界巨擘顾亭林尝云："一为文人，便无足观。"以古律今，可知此语实为平凡而不朽的真理，尤其是放在那些终日与青灯古案、竹头木屑为伍的历史研究者身上，这更是"一语成谶"式的宿命！因此，我曾以调侃的方式说过："对于一个人而言，把研究历史作为他或她自己一份业余的爱好，那是莫大的幸福；把研究历史当作他或她自己一只谋生的饭碗，则是真正的悲哀！"

到了韩国之后，我无意中发现，历史学同样处于学术的边缘位置，同样"门庭冷落车马稀"，同样让诸多青年学子避之唯恐不及。一般学校的历史学科不招人见待也就罢了，就是在其国内"超一流"的"S.K.Y"（首尔大学、高丽大学、延世大学）三校中，历史学科的地位也是低得让人同情。

据高丽大学亚细亚研究所的一位朋友讲，高丽大学研究生招生，其他系科的入学竞争激烈程度，可以用"白刃相搏"来形容，典型的"千军万马过独木桥"场面，而历史系（韩国一般称"史学科"）的报考，则往往"门可罗雀"，通常只需要提供个人资料，不必经过考试这道程序，就可以入学，成为历史学这支"风中之烛”守护者中光荣的一员。

历史学科遭遇冷落，原因当是中外一致的。正如实践是检验真理的标准一样，在学科的前途上，利禄资源的配置乃是最终决定学科盛衰的杠杆。西哲培根说过：“读史使人明智”，这固然不错；唐太宗也讲：“以古为镜，可以知兴替”，这更是真理。可是“明智”毕竟不等于沉甸甸的饭碗，“知兴替”也非芸芸众生所需要尽心的义务。对于绝大多数年轻学子来说，为了日后捧上堆满鱼肉的饭碗，也只好把历史学这碗“坚硬的稀粥”搁置在一边！

然而，一母九子，各不相同，总是有人喜爱和投身于历史学这门冷僻的边缘学科，韩国的情况也不例外。于是，在韩国任何一座综合性大学，历史系总是能够开张，依旧细水长流式地为社会培养出历史学学士、硕士与博士，集腋成裘，年复一年，顶着史学博士“桂冠”的人也有了一定的数量规模。

韩国的大学，除极少数（如国立首尔大学）之外，都是私立的。老板挣下偌大一份家业多不容易，兴教办学，自然最注重投资的效益，不会乐意掏腰包去赡养闲杂人等。这反映在高校师资队伍建设上，就是努力将师生比控制在最经济、最合理的范围内，严格限定教师——尤其是教授的岗位，绝对不允许尸位素餐、人浮于事的情况出现。至于日常的院系事务，则聘用在校研究生担任“助教”，加以处理。像中国高校院系里的办公室和教辅人员，在韩国高校的院系通常是不存在的。但令人佩服的是，他们的管理井井有条，从来不曾听说在哪个环节上出过问题，日常教学、科学研究、学术交流、行政运作、学科建设等等，都在高效率、低成本基础上进行和拓展。插句题外话，中国高校要与国际接轨，不必好高骛远去向欧美一流高校学步，先和近邻的韩国高校看齐就可以了。

历史系招生数额十分有限，这样一来，该学科的教师队伍规模自然小得可怜，而历史学博士毕业生却每年在递增。这中间既有韩国本土高校自己培养的“土鳖”，也有从欧美、日本、台湾、乃至中国学成归国的“海龟”，合在一起，也有相当的数量。其结果，就造成了供大于求的局面：教师岗位稀少紧缺而博士人数饱和过剩，无论是“土鳖”还是“海龟”，大多都为谋一教职而不得，成了名副其实的“滞呆”。往往是某高校史学科一个教师岗位出缺，几个甚至几十个博士竞相去应聘，竞争之激烈，过程之残酷，令我们这些局外人也为之同情，心有戚戚然。

韩国江原道雪岳山国家公园

很显然，在韩国做历史学博士，在很多的情况下，毕业之时就是其“失业”之始，说得文雅一些，便是处于“待业”的状态。看来，学历史出路狭窄、前途惨淡，乃是世界性的问题，不独中国如此。

然而，让人更加为之感慨的是，这些韩国历史学博士面对“待业”时所表现出来的选择与心态。在中国，历史学博士的出路也是“王小二过年，一年不如一年”，可是，他们一般不会在一棵树上吊死，在咬紧牙关把博士头衔搞到手之后，他们敢于也善于与昨天作彻底决裂，把满脑子的“子乎者也”、“秦皇汉武”当机立断清理出去，以“知昨非而今是”的立场与态度，去寻觅全新的生存之道。“实用理性”的推崇，功利本能的救赎，决定了历史学博士中大多数人在毕业后改行与跳槽，乃是最正常不过的现象。也多亏有了这样的自我调控，才使得中国尽管出了这么多的历史学博士，却似乎很少有因生计绝望而跳楼投河自尽的。

反观韩国的历史学博士，就全身上下弥漫着一股天真的“傻气”，远远不及中国的同类来得“明智”，善于“变通”。在他们的内心深处，或许始终秉承着一种意念，即：既然已经完成了博士学业，那么就不应该轻易地抛弃自己的专业，单纯地为生计问题去凑合着找一份与历史学毫无关系的工作。于是，他们宁可暂时委屈自己，在默默中等待，一直坚持到最终寻觅到一个专业对口的岗位（我也相信，中国的历史学博士中愿这么做的也大有人在，问题是在中国，这种等待往往是无望的，而在韩国，这种等待却是希望犹存的，这就是两国国情的不同）。在等待的过程中，他们毫不懈怠地从事专业的研究，阅读典籍，撰写论著，参与本领域的学术交流活动，为日后投身教职岗位的竞争积累资本，创造条件，真正做到了心无旁骛，持之以恒。《论语》上记述孔门第一贤弟子颜渊“一箪食，一瓢饮，在陋巷，人不堪其忧，回也不改其乐”，在某种意义上，正是这些韩国“待业”历史学博士的形象写照。

我曾在所访学的高丽大学史学科，结识了多位这样的“待业”

博士：从事明清史研究的权博士，毕业已有多年，但一直未获得正式的教职，目前是在其导师朴教授领衔主持的“BK21”项目中担任“研究助教授”，协助朴教授管理这个为期七年的国家资助科研项目。从事秦汉魏晋南北朝史研究的金博士，毕业后一样处于打临工的状态，在高丽大学史学科做一名不在编的授课讲师，签一次合同干上一个学期或一个学年，真正典型的今年不知明年的事。据他们介绍，在韩国，像他们这样的“做一天和尚撞一天钟”式的临时工性质的博士比比皆是，社会上人们以及他们自己对此亦早已司空见惯，习以为常了。

当然，“待业”博士打临工的收入要维系简单的生活还是可以的，否则，一个人再有定力，面对着吃了上顿没有下顿的困境，也是无法做到如“妾心古井水，波澜誓不起”的。不过，其收入绝对谈不上是丰盈，甚至可以说是拮据。以金博士为例，一般他每学期在高丽大学史学科承担两门课程，每门课程每个月收入50万元（韩币一万元韩币约折合人民币80元），另外，再在其他学校兼上一、两门课，这样合计起来，他的月收入也就是在150万至200万元韩币之间，数额并不多，低于韩国的平均工资收入，大致与那些超市的收银员收入相近。考虑到韩国物价的昂贵（首尔已进入了世界上消费水平最高城市的前五位，远远超过了香港、纽约等地），他的这点收入实在很寒酸，只能过十分紧巴的生活，更不要说购置像样地段的房子了。因为动辄几个亿价格的住房，对这些处于“待业”状态的博士而言，不啻是天文数字。

不过，令人为之心仪的，是他们对目前的工作与生活状态，抱有从容豁达的心态，宠辱不惊，安贫若素。我曾经很委婉地向权博士询问过他们怎么看待自己当下的境遇，并由衷地表示了我对他们这些人的敬佩之情。他的回答很平淡，但也很坚毅：他自己觉得从事专业研究适合自己的天性与爱好，做自己喜欢的事情比什么都好，无须去羡慕其他人。正是这样的心态，正是这样的胸襟，使得他们不随波逐流，为满足物欲而丧失自我。

与中国国内不少学人浮躁的学风和心态相比，韩国这些“待业”的历史学博士的境界显然要高迈得多。韩国的历史学研究水平的高低我们不宜妄加评论，但是，年轻一代学人对专业的执着与追求，则是难能可贵的。只有具备了这样高尚的献身精神，才能把“板凳甘坐十年冷，文章不写一字空”的学风贯彻到自己的学术研究之中。而这正是一个历史学研究者是否能成大器，为深化历史学研究做出自己独特贡献的一个基本前提。

从这个意义上说，这些心无旁骛、锲而不舍的韩国“待业”历史学博士，永远是我们的一面镜子！

文化思絮

心灵鸡汤：宗教在韩国

我出生于上世纪50年代末，早年沐浴的是“红太阳”的光辉，打懂事的那一天起，接受的就是正统的政治教育。岁月流逝，物是人非，许多内容早已模糊乃至淡忘了，然而，有些教条却根深蒂固、盘根错节，依旧在自己的脑海里留下深深的烙印。其中一条，就是：“宗教是麻痹人民的精神鸦片”。

到了韩国，对一切都感到新鲜，自然也关心当地民众对待宗教的态度和嗜食“精神鸦片”的情况。因为多年从事人文社会科学研究的直觉告诉我，要认识一个社会、解读一个民族的文化心理，不带偏见，近距离地接触与了解该社会的宗教信仰状况与特点，往往是以一驭万、事半功倍的捷径。

韩国人的宗教信仰是真诚执着的，但这中间却透露着理性平和的色彩，远远不至于疯狂或迷乱。也就是说，他们对自己所皈依信仰的宗教持虔敬肃穆的态度，乃是出乎其内心的渴求与精神安顿之真切需要，完全超越了单纯功利的层面（国内不少人是抱着现实功利目的才信教的，譬如，为求子去拜观音，为发财去拜财神爷关公，为中举去拜孔夫子，为平安去贿赂灶王爷，等等），这种心态下的信仰选择，就不能不真诚执着。同时，信奉普世价值，在民主自由精神哺育下成长起来的韩国人，在宗教信仰的问题上也秉持一种宽和包容的态度，既执着自己的信仰，但同时也尊重他人的选择，使得皈依不同宗教的人们之间互相包容，和睦相处。所以，韩国社会上的宗教虽然多种多样、异彩纷呈，有基督新教、佛教、天主教、儒教、圆佛教、天道教、大倧教、甑山教等等，但这些年来从不曾听说发生过什么宗教冲突（也许是我孤陋寡闻，实际情况并非如此）。从这个意义上讲，韩国民众的宗教信仰又不是疯狂或迷乱的。

当然，韩国社会的宗教信仰和谐也不是与生俱来或一蹴而就的，它同样经历了非常痛苦的磨合过程，有时候甚至可以说充满着残忍，弥漫着血腥。像西方基督教初传入韩国时，曾被一些心胸狭窄、民粹狂热的韩国人目之为“邪教”加以排斥、打击乃至于屠戮，丧心病狂、不遗余力，竟然到了惨绝人寰、不堪回首的地步。流经首尔市的汉江边上有一座斩头山（在今天首尔市西区的西江大学、延世大学附近），据说其所以得名，就是当年曾有不少信仰天主的天主教徒被扣上“邪教恶魔”的罪名，在那里被齐刷 刷砍掉脑袋并被抛入滔滔不绝的汉江之中，江水曾为之丹赤（这与当年中国大地上“义和团”运动高潮期间，清廷山西巡抚毓贤在当地大肆屠戮“教民”有得PK一番，较个高下）。所幸的是，这悲惨的一页早已经翻过去了，韩国完全告别了那个专制独裁、排斥异端的恐怖岁月！

韩国人对宗教的真诚与执着，在我们这些外人看来，可以说是到了令人感动的程度。我和我的同事们曾亲眼目睹，在圣诞节的平安夜，首尔明洞大圣堂的广场上拥入了数以千计的天主教信众，在凛冽的寒风里，他们个个神色庄重肃穆，静静伫立在那里，等候进入教堂参加由枢机大主教亲自主持的子夜弥撒。这一站就是数个小时。当可以入场时，他们极有秩序地依次鱼贯而入，没有一个人插队加塞，尽管排在后面的人群，最终进不了教堂（明洞大圣堂是很宏伟、很宽敞的建筑，但再是宽敞，其所能容纳的人数也总归是有限度的），只能到另一个场地观摩弥撒的现场录像，可是他们却依

首尔天主教圣堂的弥撒仪式

旧安之若素，没有丝毫的急躁与抱怨。这是一种素质，而这种素质恰恰又是基于纯正信仰的结果。

还是首尔明洞大圣堂的情景。每个星期天，从早到晚，这里有多达十场的弥撒，每场弥撒都挤满信众。弥撒中有一个环节，就是信众向教会奉献。这时，在庄严悠扬的音乐伴奏下，唱诗班的歌声在教堂大厅里回旋缭绕，而人们则依次缓步上前，将1万、5000、2000、1000等面值不同的韩币庄重地放入募捐花篮里，没有人例外，更没有人犹豫，也许在他们心里，早已经把这种奉献很自然地

看成是自己实践宗教信仰的一个有机组成部分。而再回头看看我们国内的教堂，弥撒典礼上同样有募捐这个程序，可究竟又有几个人在那里捐钱奉献的？

奉献的事情虽小，但是在某种意义上却反映了中韩两国民众宗教意识的差异。中国人皈依宗教，多出于功利的考虑，为的是多索取；韩国人皈依宗教，多出于信仰的驱使，为的是多给予。中华民族当然有自己优秀的特质，但毋庸讳言，也有明显的民族“劣根性”。我认为这种“劣根性”的突出表现，就是功利性过于强烈，缺乏一种宗教的情怀，而没有宗教情怀，便不会存敬畏之心，便不会有悲天悯人之心。穷困时百无禁忌，有了钱则穷奢极欲。所以，美国的比尔·盖茨能捐出自己天文数的财产，做慈善事业，而我们的一些老板，则热衷于一掷千金、纸醉金迷。君不见，春节期间海南三亚的豪华5星级酒店已开出一宿住宿费8万元的“天价”！倘若那些“阔佬”有点宗教“报应”的意念，何至于如此荒腔走板、肆无忌惮！

正是因为有多给予多付出这样的初衷，韩国人为宣传宗教、传播信仰的努力可谓不遗余力，有时甚至到了“犯傻”的程度。

我的几位同事租住的房东一家是虔诚的基督新教信众，自从我的同事们入住开始，这一家人便对他们发起了无比凌厉的“攻势”：主动带他们去教堂参加免费的韩语学习班，热情招待他们游览汉江，还时不时请他们大快朵颐、享受韩式烧烤，其目的就是想把上帝的福音传播到我那些同事的心中，争取他们能早早皈依天主，共蒙基督的荣光与恩宠。我的那几位同事都是共产党员，是无神论者，革命意志坚强，历经过许许多多的大风大浪，当然不能为几顿美味的烤肉而丧失了自己的政治立场（尽管为了不违拂人家的美意，烤肉是照吃不误），最后只好让“知己不知彼”的房东一家人深深失望了。

在韩国，宗教具有极其雄厚的社会群众基础。据韩国国家统计局提供的“2005年度韩国宗教人口统计”的数据显示，在全韩国4700多万人口中，有宗教信仰的，也就是说信教的，已达到2500万之众，超过了无宗教信仰的人数（2180万）。而且，有宗教信仰的人口仍在呈示迅速增长的趋势。这一点，用1995年的统计数据来作比较，就可以看得很清楚：当年全韩国人口数为4455万人，其中有宗教信仰的，为2259万人；无宗教信仰的，为2195万人。从1995年到2005年，十年之中，韩国人口总数增长约250万人，可无宗教信仰的人口却不增反减，在整个人口的比例结构中，有宗教信仰的人口比例又有了一定规模的增长。当在一个国家里，有宗教信仰的民众超过其总人口的一半以上时，这个国家的宗教基础自然是雄厚坚实、不可动摇了。

韩国民众的宗教信仰，呈现多元化的特点，以佛教与基督教（包括新教和天主教）为大宗，占全体有宗教信仰人数的百分之九十以上。其他像儒教、圆佛教、甑山教、天道教、大倧教等等，相对而言，规模都比较小，多则十余万，少则数千人，而且地域分布也受明显的限制，往往是地区性而非全国性的。例如，儒教在韩国，就仅仅流行于经济相对比较落后、风气比较淳朴和闭塞的安东、江陵一带。

同时，韩国的宗教结构变化，也曲折而又真切地反映出韩国社会西化程度的逐渐加深，折射出韩国民众文化心理、价值观念的自我调整。如前所述，自1995年到2005年，韩国有宗教信仰的人数递增了250万人左右，可是相对比较本土化的佛教信仰者总人数只增加了4万余人；而儒教则更是不增反减，由21万多人，剧减一半以上，只剩下10.4万人左右。相反，西方文明的宗教载体——天主教，则获得迅速的增长，由295万余人猛增到514万多人，几近一倍。

由此可见，尽管不少韩国人在那里侈谈韩国是今天东亚的儒教文化中心，中华古典文明在韩国保留得如何如何，但客观事实却

新罗故地庆州灵鹫山通度寺山门

是，西方的强势文化正越来越主导着韩国人的精神生活与心灵慰藉。天主教的蓬勃发展，所传递的正是这样的信息。面对这样的客观现实，如果再手舞足蹈在那里高谈阔论儒学的复兴、东方文化将成为未来的世界文化主体云云，不免是自欺欺人的“意淫”而已！季羡林老先生生前振振有词的所谓“三十年河东，三十年河西”的说法，其情可悯，但其理无稽，恐怕只是一种天真的幻想而已。韩

国国内宗教势力地图的嬗递变化，就像一副清醒剂，它提醒我们：东西方文化的优劣态势之改变或逆转绝不是我们一厢情愿所能够实现的。至少，在宗教领域之中，作为西方文明的重要载体——天主教、基督新教的强势扩张局面，在短时间里是无法逆转的。

不过，值得关注的是，尽管在韩国信奉基督教的人数近十年里有了比较快的增长，已经超过信奉佛教的人数，而且有进一步拉开双方距离的趋势，但是从统计所提供的数据中可以看出，这主要是天主教部分的增长，信奉基督新教的人数在这十年之中，不仅没有增长，反而是略有减少：由1995年的876万人，减至2005年的861万人。其绝对总数虽然仍大于天主教信众的人数，但两者之间的差距，却由1995年的近三倍，急速缩小和拉近为2005年的不到两倍。

导致这种现象出现的原因是十分复杂的，值得宗教研究者进行深入而具体的研究。我个人的猜测是：天主教更注重家庭伦理，在堕胎、离婚等敏感问题上持相对比较保守（也可以说是稳妥）的立场与态度，而这对重视社会和谐、强调家庭生活、提倡礼乐秩序、宣传道德优先的韩国社会来说，或许更加容易发生认同与共鸣。由此可见，韩国民众对西方文明的沟通与融合，也是有其主体性的理性选择的。

在我看来，任何宗教，不管其形式或内容如何，但精神实质有其一致或共通之处。这就是主张公道正义，强调奉献助人，提倡仁慈博爱，追求精神超越（“邪教”当然不在其列）。这在很大程度上可以缓释人们的精神紧张，填补人们的心灵空寂，化解社会竞争所导致的暴戾之气，营造社会构建所需要的良好与优雅氛围。从某种意义上讲，健康积极的宗教称得上是建设和谐社会的润滑剂，追求心灵安顿的避风港。我始终认为：对宗教的真诚信仰，所带来的最优秀最美好之效能，是使得人们怀有一颗敬畏之心，坚实地筑起了做人办事的道德底线。人一旦丧失了敬畏之心，就会肆无忌惮，无恶不作，这才是真正的人生灾难！这才是真正的“世界末日”！这一点，我在韩国一年生活中有深切的亲身体会。

在这一年里，我遇到了太多的感动，深深地为质朴善良的韩国民众的情操与行为所折服。在韩国高等教育财团组织的第一次韩国历史文化考察活动中，当参观庆州的佛国寺时，我曾与大队人马失去联系，回头寻找旅游车又不见踪影。这一下，我的脑袋整个大了，满心慌乱，手足无措。这时，是一位韩国老人主动邀我上他的车，赶到石窟庵的停车场（佛国寺与石窟庵两处相连，旅游车是佛国寺放下我们，到石窟庵再接应我们），替我寻找到我们乘坐的那辆旅游车，从而使我避免了一次重大“危机”。出于真诚的感激，我拿出1万元韩币向他略表谢忱（坐出租车还要付费呢），但人家坚决拒收，用英语客气道别，然后驾车绝尘而去。这种既花费时间精力，又倒贴汽油费的事情，换了在国内，恐怕是不大会有人乐意做的，能够不趁机敲你一笔竹杠，就该谢天谢地了（当然，我们也不能一篙子打倒一船的人，绝对地否定我们同胞中就没有乐此不疲做好事者）。可韩国人做了，而且是做得那么自然，那么优雅。

五月春暖花开的时节，我与中国留学生X君结伴去仁川江华岛旅游，中午时分，就在江华岛一家餐馆就餐。两人饱餐一顿，也就花了1万元左右。正在庆幸这顿饭物美价廉、委实划算，这时候，一个意想不到的情况发生了：店主人——一位老大妈——来到我们的桌子前，退还给我们4000元韩币，说是收款时没有算仔细，多收了我们的钱，现如数予以奉还，并连声道歉，请求我们加以谅解。这样的场景，我只有在李汝珍《镜花缘》的“君子国”一节中才读到过。可那是小说，是作者本人的虚幻想象与抽象寄托，而这一回我可是在韩国亲身经历了，的确有庄生梦蝶、恍若隔世的感觉！

还是同一趟的江华岛之旅，有鉴于岛上公交不尽方便的困难，我们花钱包租了一辆岛上计程车，预先说好带我们游览广城堡、传灯寺和江华支石墓三个景点，并商定好应支付车资费用——具体数额已忘记了，但印象中似乎很合理、很公道。

江华岛传灯寺

但后来的事态发展却出乎我们的意料，也许是我们对江华岛美景的赞颂，使身为江华岛本地人的司机师傅倍感自豪；也许是为了在外国人士面前展现韩国人热情好客的待人接物之道……这位司机呈示出很兴奋、很热诚的态度，不仅取出饮料让我们解渴消暑（在国内我们可不敢随便饮用陌生人提供的饮料，怕被麻醉放倒，落入圈套，但在韩国，则一点也不犹豫就笑纳了，警惕性全没了，门户洞开，回想起来，不免忐忑不安），而且还主动提议增加一个景点，免费带我们去参观了一般游客不曾到的朝鲜李氏王朝哲宗外舅家，并详细解说了哲宗年幼流落民间，在江华岛外舅家中居住多年，从而了解、熟悉民众生活，登基后体谅民情，励精图治的历史……这位哲宗的经历，倒挺类似于汉代的汉文帝和汉宣帝的遭遇。他的热心，使我们平添了一段韩国历史巡礼，也算是意外的收获吧。

更为搞笑的是，他知道我的同行者会熟练地讲韩语，就打开车上的音响设备，自己先歌一曲，然后要求我的同行者X君也唱上一曲。盛情难却，于是车行向前，歌声响起，一路欢声笑语，一路放飞心情。

位于首尔市东北部清凉里附近的京东市场，是首尔中下层民众解决日常生计问题的大集市（那些有点头面的人，如律师、教授、企业家、政府官员是放不下身段去光顾那里的），也是我们这些花钱抠门的“访问学者”平时购物的主要处所。在那里，我也时不时地见识了韩国人的单纯善良、淳朴厚道。我不能说那里的每位商贩都是君子，但我还是要承认这些商贩中确实君子不少。

一次，我看到一个菜摊上韭菜标价800元韩币一捆，觉得物有所值，就掏钱购下一捆。可菜摊的主人只收我500元，口中还叽里呱啦说了一通我根本听不懂的韩语。我实在感到匪夷所思，莫名其妙，脑筋“秀逗”，站在那里半天也反应不过来，我的通韩语的同行者便向我解释：商贩口中说的是：天色已晚，蔬菜正降价出售，还来不及改标价，但买卖时则不能多收钱了。过去，我们讲“童叟无欺”，这回人家做的可是“内外无欺”了，做买卖到了这种境地，你不能不佩服！

又一次，在一家肉铺子买肉，我在购下一块猪里脊之外，又提出再要几斤五花肉，准备回到我在高丽大学的“寓所”去蒸霉干菜扣肉。可肉铺的掌柜却建议我不要买他铺子里的，而应该去隔壁的肉铺买，因为货源不同，他自己肉铺里的五花肉价格相对比较昂贵，买了不合算。把已经送上门来的生意主动推辞掉，这种做法真的让我们这些在国内市场上挨宰惯了的书呆子诧异莫名，百思不得其解。看来，我们过去积淀已久的“无商不奸”、“无官不贪”等等观念，在韩国这个社会里是应该加以重新的认识和必要的纠正了。

韩国人的“君子”之风，我不敢肯定地说是基于他们的宗教文化，但是，我想这也许还是与他们的宗教文化长期熏陶与感化有一定的关系：当人们普遍地服膺与信仰宗教，孜孜不倦按照宗教所昭示的道德训律为人处世，那么，宗教所提倡的诚信无欺、厚道关爱、乐于助人等美德懿行，也就一定会在人们的行为方式中或多或少、或明或暗顽强地表现出来，成为社会生活中的一种常态，一种风气，一种氛围。

这正是一个社会成熟的体现，更是真实人性亮丽的风景！

无可奈何花落去

——传统在韩国社会的“淡出”

在国内，我一贯提倡“快乐史学”，这实际上是为自己治学不专心、不刻苦寻找借口、寻找遁词。可不，仅仅是电视剧的诱惑我就抵挡不住。“韩流”袭来，我免不了“失足”多回，看了多部的“韩剧”。

我看过的“韩剧”，大多为《人鱼小姐》、《看了又看》、《乞丐王子》一类的家庭伦理剧。我这人的性格比较软弱，所以很是为韩剧中那种有意全力营造的温馨亲切的人情味所感染，总以为韩国社会是一个特别讲究亲情孝悌，注重长幼尊卑礼仪，充满着“和谐”、“有序”氛围的传统“礼乐”世界；也曾感慨过：孔夫子所讲的“礼失求诸野”，“天子失官，学在四夷”，以今天的中国与隔壁的韩国作对比，此言真的是最恰当的写照了。

“乘桴浮于海”，机遇凑合，我终于踏上了韩国这片土地。初来乍到，一切都觉得新鲜，一切都觉得有趣，也比较用心地以一个旁观者的角度，注意观察韩国社会的人情世态，希望用自己的眼睛，去亲自验证过去通过“韩剧”所获得的韩国印象，哪些是真实的存在，哪些又是虚幻的影子。纳兰性德诗云：“人生若只如初见，何事秋风悲画扇。等闲变却故人心，却道故人心易变。”看看究竟是现实中的韩国改变了我自己心目中的韩国呢？还是我自己心目中的韩国通过现实的韩国而得到了求证？

近一年下来，终于发现，韩国社会的实际，固然不能说没有“韩剧”中所反映的传统精神的影子，但是，我也不得不承认那毕竟是艺术，而艺术的夸张与现实的本真乃是有很大距离的。真正现实生活中，传统的礼乐文明正在韩国社会里悄悄地“淡出”，这也是现代文明进程中的必有之义。

传统在韩国社会中的“淡出”，反映在细微的日常生活之中。这里可以举上几个小例子，藉此管中窥豹，见微知著。

在我的印象里，韩国的学者在正式场合都着装正规，即套西服，系领带，蹬皮鞋。故前些日子获邀参加一个学术讨论会，我考虑到入乡随俗的因素，在出门之前费牛鼻子劲翻出压在箱子底下的

韩国成均馆大学的祭孔乐舞

西服，穿戴整齐后才郑重其事前去赴会。可是到了会场后，我才发现绝大多数与会者都穿着随便，或穿西装不系领带，或身着夹克休闲装潇洒自在，反而是我自己的一身行头显得与众不同，另类别扭了。会议着装是小事，可它透露的信息是：传统的规矩，要是对生活有拘束、有妨碍（休闲服当然比西装革履来得方便舒适），那一样可以随意抛开，而无需有任何的拘泥。

韩国多传统节日，各种祭祀活动——如祭孔、祭宗庙——也层出不穷，这确凿是事实。但是，在我看来，这中间更多的是民间娱乐的形式，大伙儿趁此机会赶凑热闹，放松身心而已。就拿场面隆重的一年一度宗庙大祭典礼来说，参与者敬畏心是可疑的，感恩心也是缺乏的，借用的只是传统礼仪的外壳，至多是地方当局、文化管理部门主持的一种营销韩国文化形象的举措，与传统的敬本报始、慎终追远核心精神基本无涉。至于旁观者，也多是像我这样怀有好奇心的游客，凑热闹而已，绝大多数首尔当地的居民，并不关心这类活动，该干啥还干啥，连这份热闹也不来凑。

像这类祭祀典礼，我们中国国内也多的是，祭黄帝，祭神农，祭大禹，祭孔子，乃至祭女娲、祭西王母，同样轰轰烈烈。所略有不同的是，人家韩国祭祀搞的相对古朴，八佾舞、初献、亚献、终献诸环节有条不紊，中规合矩，迎神、供神、送神、焚香各步骤行礼如仪，有板有眼，还有些真古礼的韵味。而在我们的祭典上则经常出一些匪夷所思的场面，譬如由武警战士一身戎装献花篮、大腹便便的政府官员穿着西装敬香等等，总给人以不伦不类的感觉。

韩国大多数的年轻人对传统的心态也是充满矛盾的。他们一方面希望保留传统，以维系民族文化的主体性，可是又无法抵御现代时尚的诱惑。前者是出于理性的立场，后者则是基于感性的冲动。

可对普通人而言，感性的魔力磁场往往要远远大于理性的制约缰绳，这是不以人们自己的主观意志为转移的。

所以，在大学校园里，为一场有明星登台的摇滚音乐会而癫狂的人数，远比观看民族鼓乐表演的不知要超过多少倍。这一点，就是最迷恋传统的人也是承认的。一位中国留学生告诉我，那些参加校园民族鼓乐表演的学生自己讲，他们也知道这种鼓乐声单调枯燥，沉闷乏味，感动不了自己，当然更吸引不了年轻人。可是如果由此而放弃，那么就会绝种，是自己民族文化的一大损失。因此，就不得不有人出来支撑场面，“为往圣继绝学”，以“知其不可为而为之”的精神，勉为其难地坚持下去。不过，我很是怀疑，依靠这样的“自觉”，死撑硬抗，它又究竟能维系多久，还是迟早会让现代时尚的文娱表演形式所取代的，就像中国的昆曲，再戴上“国剧”的桂冠，也不可能真正的红火！要明白一个最浅显的道理，即生活有它自身内在的合理逻辑，逆水行舟，有时候给人的感觉就是堂·吉诃德和风车搏斗，尽管悲壮，但却于事无补。

其实，在现代文明生活方式的冲击下，韩国固有的传统文化，正在发生不可逆转的裂变。聚家而居，数代同堂的现象急剧消失，核心小家庭日益成为家庭组成的主流模式；大男子主义越来越丧失市场，代之而起的是“野蛮女友”比比皆是，“妻管严”大行其道；中秋、春节的阖家团圆、祭祀祖先习俗渐渐难以为继，草草了事，年轻一代借口工作忙碌、交通不便而不回老家、逃避责任的行为正在逐年上升，普遍流行；端午、清明、中秋等“土”节有意无意遭到人们的某种冷落，“圣诞”、“复活”、“情人”、“万圣”等“洋”节风靡一时，大受追捧，等等等等，不一而足。

一位韩国朋友曾善意地提醒我说，请不要想象韩国是一个田园

正在演习传统民族鼓乐的韩国高校学生

牧歌式的社会，你们大多数中国人对韩国的印象，大都是来自于那些“韩流”电视剧的艺术描绘，似乎在韩国的社会里，充满着尊卑有序、贵贱有等、长幼有节、男女有别的传统文化色彩，真的是儒教文化形象的诠释，其实那至多反映的是二十年之前的韩国社会风貌，现在这一切早已是杳如黄鹤、泥牛入海了。在西方文明的话语系统主导之下，当今的韩国社会正迅速摆脱民族传统的窠臼，而悄悄地、水到渠成、瓜熟蒂落式地融入于“西化”的体系了。

这位韩国友人的看法是有道理的。韩国近些年来朝野民间都在那里汲汲倡导弘扬传统，振兴国粹，这实际上恰恰是基于对传统文化消减淡出现象的忧患意识表达。老子说：“大音希声，大象无形。”又说：“大道废，有仁义；慧智出，有大伪；六亲不和，有孝慈；国家昏乱，有忠臣。”如果韩国的固有文化传统安然无恙，没有遭遇现代文明的挑战，没有面临淡出的危机，那么，朝野民间、文艺作品就用不着有意识地去强调，去弘扬，去倡导了，而完全可以顺其自然，无所用心。

可当下的情况却恰恰相反，使得那些传统文化的守望者深切地感受到“时不我待”的巨大压力，内心充满着莫名的焦灼与忧虑，这无疑从反面坐实了这么一个事实。在韩国，其固有传统的消解，乃是一个不争的事实和趋势，正所谓一个社会越是倡导什么，越是证明这个社会恰好缺乏什么！

我们这么说不是不着边际的瞎议论。2010年3月10日的《环球时报》第十二版上刊出詹德斌撰写的一篇题为《韩国励志片渲染“往上爬”》的文章。内中提到：“最近韩国热映的电视剧《富翁的诞生》、《学习之神》、《名家》等都有一个共同特点，就是越来越强调人的功利心理。韩国《朝鲜日报》称，现在的韩国电视剧大都非常露骨地强调金钱和学历以及实现成功的捷径。”文章还引用了一些韩国知识界人士对这一现象的看法：“这些电视剧可能会给人造成为了成功可以不择手段的成功万能主义，令人担忧。”“如今的这些电视剧描写赤裸裸的欲望，所有的人都谈论金钱和成功的方法，这的确反映了今天韩国社会残酷竞争的现实。”这难道不是当今韩国社会中功利压倒道德、传统日益“淡出”的具体见证吗！

“无可奈何花落去，似曾相识燕归来”。这就是在韩国其固有文化传统面临现实挑战而左支右绌、捉襟见肘的尴尬与无奈！

山外青山：韩国学术会议印象

唐代大诗人王维有诗云：“晚年唯好静，万事不关心。”我虽然还没有步入人生晚年，但是生性好静，对于滚滚红尘，早已经失去了热衷关心的兴趣；所思慕的，只是“今夜月明清似水，悄无人处上高台”（郁达夫诗句）的空寂境界。即便是赖于糊口的教书治学一业，我也抱“做一天和尚撞一天钟”的心态，得过且过，而不复再有“百年事业归经济”式的豪情雄心。一句话，混呗！

谓予不信，有诗为证：

天高又历一年秋，
才阅沧桑已白头。
世事无奈缘作茧，
人生快意是放手。
梦回鉴水血犹热，
叶落香径命未休。
偶尔酒酣诗兴发，
不关风月总关愁！

——《无题》

当然，这种境界的养成，亦非一朝一夕之功，乃是由自己的经历所致：2002年7月，我告别军旅，转业到高校当教书匠，吃粉笔灰，原以为可赢得清闲，有更多的时间供自己自由支配，谁知道，好景不长，受学校信任的结果，被赶鸭子上架，当上一名“小吏”，“侯门一入深似海，从此萧郎成路人”。结果，比当年在军事科学院当“小吏”更加忙碌：就公而言，是填表格、陪开会、跑项目、糊人事；就私而言，是发文章、编书稿、开讲座、建关系，形格势禁，不亦乐乎。

外面的世界的确很精彩，外面的世界同时也很无奈。我与“全真葆性”的古训渐行渐远，为物“累形”的症状则愈来愈重。淳朴少了，想法多了；真挚淡了，应酬忙了。现在回想起来，自己的所作所为是多么的愚蠢，我竟然为过眼云烟的虚名所迷惑，而忘却了人生的真正追求。买椟还珠，这成语用在我自己身上，实在最最贴切不过了。

近几年，我渐渐有所觉悟，多少明白了“返璞归真”的道理，懂得人生只有到了朴实平凡状态，不再有太多的功利的因素，做自己喜欢做的事情，做自己能够做的事情，才算是真正接近了“陶然共忘机”的人生理想境界。“此中有真意，欲辨已忘言”，这种莫名的快乐，这种无意的欣然，我认为才是我自己近年来的最大所得，才是我自己近年来所作所为的真正价值之所在。毕竟，“契阔于心”比传道授业更为重要，享受人生比经营事业更有意义！

于是乎，我做出了一个重要决定：到韩国去放空自己的心灵，解脱自己的束缚。

以这样的心态到韩国访学，自然不会有什么作为，纯粹冲着逍遥自在这一点去的。既不上图书馆网罗资料，寻访旧文；也不愿坐电脑前殚精竭虑，拼凑文章；整个儿定位于休养生息、恢复身心健康这上头。

所以，在韩国访学的这一年期间，我与其他大多数来自国内的访问学者不同，很少锐意于进益学问，开发新的学术资源；当然，更难得参与各类学术活动，包括在学术会议上赶场凑趣了。

不过，“难得”并不意味着“绝迹”。或因为同事们的“煽动”，或由于主事者的“错爱”，我这一年里也偶尔参加过几场学术会议，算是雾里看花、隔靴搔痒式的了解了韩国学术会议的一般情况，用旁观者的眼睛目睹了韩国学术会议的形式和特点。现在简单记上一笔，也算是留下一点有关韩国学术界的印象。“他山之石，可以攻玉”，也许这对我们中国国内的学术文化生态的改善，不无一定的启示意义。

我孤陋寡闻，不知道韩国是否像我们国家一样，有所谓的“社团管理法”，规定学术团体必须向民政部门注册登记。在韩国，学术社团多如牛毛，它们有大有小，组织相关专业的学者从事学术研究与讨论，而召开各类学术会议，就是它们的主要活动内容，也是体现其存在的重要方式之一。

有一点可以肯定，这些学术团体大多是韩国学者自发的松散组合。当然，我们也不能否认，由于其研究的性质或任务之重要性（如历史学有关高句丽问题的研究），某些学术团体的背后有大财团乃至政府文化权力部门支持、推动的影子（象“东北亚历史财团”之类）。但是，韩国的学术团体既然以“民间”形式出现，那么，至少在表面上，它们都得以“民间”学术自由活动的一般规律办事，更多的反映了学术研究的自身特点，学术气息相对比较浓厚，而其主办的学术会议也更像是纯粹的学术会议。

受制于专业的局限与语言的隔膜，我在韩国所接触的学术团

在首尔大学举办的韩中日东亚历史文化研讨会

体，基本上都是专门研究中国的历史与文化的机构；所参加的学术活动，也局限于专门讨论中国历史与文化的会议。在韩国，历史学科同样被边缘化，专门研究中国历史与文化的队伍也势单力薄。加上学缘、地缘、人缘等各种因素的制约，这样的学术团体规模一般都很小，通常其中正儿八经的学术骨干不过是寥寥几人而已，就像京剧《沙家浜》中胡传魁司令唱的“十来个人，七八条枪”而已！

这个特点，决定了韩国有关中国历史文化的研究团体少官僚气而多“草根气”。我所接触过的“韩国秦汉史学会”、“韩国现代中国哲学学会”等，构成都非常单纯，每个学会也就十多位教授（分别来自韩国各地高校）充当骨干，再吸收一些已毕业或正在读的博士生、硕士生参加，以壮声势。一般每个学会有一位会长，由学会成员公推学问较好且做事热心的教授担任，起一个召集人的作用。此外，大家都是平等的会员。

这一点，似乎与中国的一些学术团体大相径庭，中国的学术团体往往是以“官本位”精神组建的：一个群众性的学会，有顾问（有时还加一层次，曰名誉顾问或高级顾问），有名誉会长，有会长，有副会长若干，下面又有秘书长、若干副秘书长，再加上常务理事、理事等等，叠床加屋，人浮于事，其目的不外乎是让更多的不曾“学而优则仕”又有强烈“官瘾”的学者，咸鱼翻身，自娱自乐，在自己小小的学术圈子里，效法有司衙门，过一把小小的“官瘾”。如我参加的中国先秦史研究会，理事多达七八十人；中国孙子兵法研究会更夸张，理事早已过了百数；中国秦汉史学会的情况稍好一些，但理事之数也在四十左右（敝人在这三家学会中都忝列理事，不能免俗，惭愧惭愧）。当然，还有更离谱的，由“退休”政府或党务官员领衔的“国际儒联”，“理事”之数居然达到300人之上，这是孤陋寡闻的我所知道的理事规模No.1了，绝对有震撼的效果。这种状况，在韩国的学术团体里，是基本不存在的。

至于韩国的学术会议，也比较简单，毫无我们国家学术会议的规模与气魄。往往是一二十个人参加，没有繁文缛节的礼数，没有节外生枝的内容，没有不着边际的套话，一开会就刺刀见红，直奔主题，进行认真的学术讨论。

反观中国，学术会议一样体现国民文化心理：求大求全，面面俱到，形式大于内容，作秀不问效果。一场会议，必有隆重的开幕式，主席致开幕词，领导莅临发表讲话，名人与团体致贺电贺词，再加上合影留念。这些程序一个也不能少，贵宾邀请唯求位高权重，同为代表却分为三六九等，否则就不足以体现会议的重要与隆重！办会务的，忙得胼手胝足、焦头烂额；与会到场的，听得云山雾嶂、昏昏入睡。至于会议的真正主旨——学术交流与探讨，也不是说没有，但往往被置于次要的位置。

这种情况，在韩国是无法想象的。韩国学者开会，通常也是半天、一天时间，与会者围桌而坐，没有主席台与听众席之分，没有特殊嘉宾与普通人士之别，少了许多虚与委蛇的故事，多了不少自由讨论的时间，更显示出学术会议应有的本色！

俗话说，“船小好掉头”。正因为韩国的学术会议简单化、小型化、专业化，所以，它操作起来也相当便捷、相对容易，开会的频率周期通常紧密。像“韩国秦汉史学会”、“韩国现代中国哲学学会”等团体，一般每个月都举办一次会议，这可以称是“学术月会”了。时间大多定在周六的下午，这为的是不影响大家正常工作日的教学。二时开会，六时结束，大家一道下馆子聚餐，喝真露酒，烤五花肉，酒足饭饱，作鸟兽散。既交流、切磋了学术，又维系、增进了感情，与会者或许都会觉得物有所值，这恐怕是这种沙龙式的学术月会活动能够长期坚持下来的一个重要原因。

另外，还有一个现象很是值得注意，它从一个侧面透露了海峡两岸与韩国政治关系的消长和学术交流重心的转移：年长的学者多有中国台湾的学术文化背景，而较为年轻的专家则明显带着中国大陆的光谱。

以韩国研究中国哲学史的学者为例，像金炳采教授（汉阳大学哲学系）这个六十上下年龄段的，大多有负笈台湾的经历，毕业于台湾大学、台湾师范大学、政治大学、辅仁大学的硕士生班或博士生班，其导师不是牟宗三、严灵峰先生，就是罗光大主教、方东美先生。

而韩国那些三四十岁的中国哲学史博士、讲师、研究教授（在韩国教授与研究教授是两个不同层级的岗位，学术地位与经济收入也有天壤之别，研究教授有如课题教授，是正式编制体制外的岗位，地位至多相当于我们国内的副教授一级。所以在韩国，只有去掉了教授之前的“研究”两字，才算是货真价实的正牌教授。韩国的中国哲学史界的三四十岁这一茬人中，虽已有成为教授者，但只是极少数），则大多是从大陆的北京大学、复旦大学等高校取得学位，询问其导师，其回答不外乎汤一介、楼宇烈、许抗生、陈来乃至张文儒诸人。看来“三十年河东，三十年河西”，风水轮流转，韩国人同样是讲求功利的，西瓜偎大边，大陆崛起，门户开放，跟随大陆好处多多，机会多多。因此，年轻人求学也一窝蜂直奔北京大学、复旦大学等高校而来，而弃老朋友台湾人于不顾了。“只见新人笑，那闻旧人哭”，这世道就是势利的，学术界也一样世态炎凉，没必要诧异。

韩国的学术会议开会方式也很有特点。每次会议，通常有一两个人作主题发言（他们习惯于称作“发表”），专门介绍他的最新学术研究成果，一般用时半个小时左右。“发表”完毕，由一人作详细点评，分析发表者学术观点的得失，提出自己赞同或商榷的意见。然后是全体与会者围绕发表者的文章及其观点进行自由发言，或修正，或质疑，或补充，从而共同深化有关讨论主题的认识。在此过程中，发表者可以随时插话，进行答疑或说明。这种方式，颇类似于读书讨论会，形式单纯而实质内容丰富，就主讲者和其他与会者而言，都有收获。因为它往往能碰撞激发出学术思想上的火花，使大家从中获得有益的启迪。

学术会议能开到这个地步，应该说是相当成功了。

孤单之旅：韩国的秦汉史研究

在韩国高校，历史学教学与研究大致可以划分为三大板块：一是韩国历史；二是世界历史；三是历史教育及其方法。

这中间，第一模块“韩国历史”自然是主体，长期以来的附庸、藩属地位，加上五六十年被日本殖民统治的悲惨现实，让韩国民众普遍变得比较敏感，极其容易激动，屈辱记忆唤起的是民族自尊心理的极度反弹（这恐怕多少是自卑情结的另类表现形式，中国国内不少爱国“愤青”也多患同样的毛病），于是寻找自己历史上任何值得一提的亮点，连蛛丝马迹也不放过，有时甚至夸张到以自己为世界历史的中心。

这只要看看各地历史博物馆陈列的“统一新罗示意图”、“高丽王朝全盛图”，就可以留下深刻的印象了。在这些地图上，“新罗”、“高丽”的疆域居然包括了中国的东北三省、山东半岛、长江三角洲、内蒙古等地，实在教人“佩服”某些韩国学者的“想象”与“勇气”（我在韩国高等教育财团组织的第一次韩国历史文化游历活动中，于庆州历史博物馆的陈列展览上，曾亲眼目睹过这样离谱的地图）。而“朱蒙”、“大祚荣”、“渊盖苏文”等一系列历史电视剧作品，更是不遗余力宣传古代大韩民族的“伟大”、“光荣”，弘扬其民族主体意识。这样，便有了“高句丽”猛将射伤唐太宗眼睛，使其伤重不治、一命呜呼之类的“情节”虚构。历史意识“大胆”如斯，真的让人有如观看“荒诞剧”，变得无话可讲。在这种大众民族历史“认同”的大氛围之下，“韩国历史研究”成为其整个历史学的主体，也就是顺理成章、板上钉钉的事情了。

第二模块“世界历史”，又分“西洋史”与“东洋史”。在国立首尔大学、高丽大学、延世大学等韩国著名高校中，所谓的“史学科”，其实指的就是这一模块（韩国史、历史教育又分别设有“韩国史科”和“历史教育科”）。中国历史研究，属于“东洋史”的重要组成部分。而在“中国历史研究”领域里，又区分为“上古”（先秦至隋唐）、“中古”（宋元明清）、“近现代”（晚清至当代）等不同的阶段。

详今略古，关注近现代，也是韩国的中国史研究的基本特色，因此，相形于近现代史的相对活跃，中国古代史研究要冷清得多。

韩国淑明女子大学举办秦汉史学术研讨会

而同为中国古代史研究，以宋元明清为主体的“中古”史研究，又稍有点生气，至于“上古”史，则真正的处于“门庭冷落车马稀”，甚至“门可罗雀”的尴尬境地。

秦汉史是所谓“上古史”的一部分。即使在中国本土，与中国古代史中的其他断代史研究相比，其研究的现状也颇不乐观，其发展的前景更让人感到沮丧。这主要是由于史料的相对阙如，多年探讨主题的烂熟，可谓几乎到了“题无剩义”的地步。尽管随着居延汉简、睡虎地秦简、银雀山汉简、马王堆帛书、里耶秦简、张家山汉简等简牍材料的陆续发现，研究上史料依据问题略有改善，但整体上仍然缺乏后劲，日薄西山也是不争的事实。

这种情况当然也会折射到韩国史学界的“秦汉史”研究领域，其整个研究状况陷入严重的不景气，乃是毫无疑义的。秦汉史研究队伍凋零殆尽，后继乏人；高校秦汉史教授岗位长年空悬，递补无期（高丽大学史学科就是明证）；秦汉史研究成果寥若晨星，乏人问津，等等。这些均表明，在当下的韩国，秦汉史研究已步入严寒的冬季，大有“王小二过年，一年不如一年”的疲软势头！

据我观察，韩国的秦汉史研究之所以深陷这样的窘境而不能自拔，原因是多方面的。首先，是对韩国而言，中国的秦汉史与其实在是太缺乏交集点了。在其他断代，中国的历史与韩国历史颇有交集互动的地方。如隋唐时期的渤海国问题，新罗、百济、高句丽与隋唐王朝的关系，宋元时代的宋丽关系、元丽纠葛，明清时期的李氏朝鲜与明、清政权的恩怨情仇，都是历史研究中无法绕开的症结，都是值得投入、深入考察的问题。相反，秦汉时期，由于史料阙如，两国的交往与互动，则明显缺乏具体内涵。尽管有“普州太后许黄玉”之类的传说性材料，但毕竟混沌一片，很难成为专家们关注的焦点。

学术同样是功利的。一个国家对他国历史的关注和研究，理所当然也要基于本土的立场，研究主题的选择，也自然会考虑到与本国的利益关系亲近疏远的因素。秦汉史既然在与韩国历史主体性定位上可有可无，那么，虽然不至于将它完全取消，但任其自生自灭也就是很寻常的现象了。

其次，也是更为重要的，是韩国的秦汉史研究在研究主题与研究手段上，似乎走入了一条越来越狭隘的胡同，自我封闭，孤芳自赏，从而加速了自己在学术圈子里的边缘化。

我们知道，研究秦汉史的人的最大困惑，在于史料的极其有限。一部《史记》、前后《汉书》、加上《东观汉纪》、《汉官六种》、《三国志》以及《淮南子》、《春秋繁露》、《盐铁论》、《潜夫论》、《白虎通义》、《全两汉文》等子书、文集，几乎成了研究这段历史的主要家当。在这种背景下，要推进研究，超越前贤又谈何容易！近年来，简牍材料的发现，尤其是张家山汉简的面世，总算是给濒临衰微的秦汉史研究打了一支强心剂，让研究者又可以在极其有限的空间稍稍施展一下拳脚。

韩国的秦汉史研究者当然也明白利用简牍材料来延续研究生机的这层道理。存亡继绝，迫在眉睫；悠悠万事，唯此为大！于是乎，他们趋之若鹜，争先恐后，把释读和利用简牍材料作为自己秦汉史研究的中心任务，如醉如痴，乐此不疲，形成了当下韩国秦汉史研究中的唯一一道风景线。

他们这样做的初衷当然没有什么错。资料始终是历史研究的基础，特别是地下文献的发现，对于记载简略、文献贫乏的先秦两汉史而言，更具有不可或缺的意义，当年王国维就曾说过，“古来新学问起，大都由于新发现”，故有孔子壁中书出，后有汉古文家之学；有赵宋古器出，而有宋以来古器物学、古文字学。近现代史学领域的新开拓，也大都与新资料发现与运用息息相关，甲骨学、简牍学、边疆史地学、敦煌学的兴起并成为显学，均无例外。应该说，这些年来中国古史研究之所以有了较大的进展，重要原因之一，是新发现了一批史料，其中比较重要的，有湖北郭店楚简、上海博物馆收藏的战国楚竹书、湖北江陵张家山汉简、江苏尹湾汉简、湖南湘西龙山里耶秦简、湖南长沙走马楼三国吴简等等。如有关张家山汉简“二年律令”与汉代法律制度的研究，张家山汉简“盖庐”与兵阴阳家的研究，郭店楚简所反映儒道关系研究，走

庆州新罗王朝历史文化遗址雁鸭池

马楼吴简与三国社会经济研究等等。像里耶秦简的发现，在某种意义上可以填补《史记》、《汉书》中有关秦史记载上的某些空白，深化人们对秦代地方制度、中央与地方关系诸多问题的认识。又如上博简所涉及的先秦古籍近百篇，从已公布的《缁衣》、《性情

论》、《诗论》等篇内容来看，它不仅可以用来与郭店楚简《性自命出》等篇章对校，而且对先秦两汉学术发展源流与演变、儒家思想的基本命题的认识，也大有裨益。

所以，韩国秦汉史研究者致力于运用新简牍材料深化研究，大方向无疑正确。但是，问题在于，他们在具体做法上，走向了极端，完全矫枉过正了。常言说，真理越过一步，便成了谬误。他们所犯的，就是这类形而上学的过错，进入了唯简牍为上的思维误区。

类似的问题，在我们中国史学界也同样存在，近年来地下文献的出土和刊布，对于先秦两汉思想学术史的研究无疑具有重大的推动意义，但这是否意味着可以全面重写中国思想学术史，则是值得讨论的。简帛材料固然重要，可是它只能起辅助作用，并不能取代传世文献在研究中的主体地位，而以有限的出土文献来抹煞“古史辨派”的学术贡献，则更属于数典忘祖的做法。

由此可见，无论是韩国还是中国，历史研究都面临着一定的挑战，即轻视理论思维，满足于对具体历史现象的诠释，导致史学研究在选题上的烦碎化，从而使历史研究被社会边缘化的危机日益严重。不可否认，史学界积极借鉴西方年鉴学派“新史学”的理论方法，极大地拓展了历史学领域的研究空间，深化了对诸多历史对象的认识。由此，社会史、环境史研究热潮逐渐涌动，经济史、心态史、人口史、家族史、妇女史、疾病史、灾害史、村社史等新的研究领域日益兴起并不断拓展，产生了一批新的研究成果，且呈现出方兴未艾的态势。但受年鉴学派第三、四代史家的影响，社会史研究同样也出现了“病态”。一些论著着眼于对一个村庄、一个家族、一种疾病的探究，忽略了对社会历史背景的参照，显示出琐碎化、细微化的趋向，常常是“一叶障目，不见泰山”，限制了人们对历史整体的认识，特别是限制了人们对具有规律性的重大历史问题的探讨。

历史学研究按照认识层次的不同，一般可分为考实性研究、抽象性研究以及价值性研究等几个方面。毫无疑问，实证性研究是历史学研究中不可或缺的组成部分。只要所研究的问题，在历史自身或对于人类社会发展，具有重大意义，则其研究过程中无论有多么实证的内容，也不会导致史学研究的烦碎和边缘化。但问题在于，在历史学研究的选题中，一些学者只看重对枝节性历史现象的考证或描述，而轻视甚至否定对历史规律和重大问题的考察，这就有可能使得历史学研究迷失方向，严重削弱历史研究的学术价值与现实意义。例如，表面上看起来文化史与社会史研究成为了时髦，可实际上文化史往往陷入云山雾嶂的困境，而社会史则不免有鸡零狗碎的倾向。很显然，轻视理论思维，只满足于在历史学甚至其各级分支学科内部讨论一些过于枝节性的问题，结果是使历史研究日益被社会边缘化，历史学的价值严重失落，其影响更趋式微。这种局面的形成乃是完全可以理解的：当我们的研究对象日益局限于男人的胡子、女人的小脚之类的考证描述时，社会自然要使历史研究被边缘化，历史学遭到冷落便丝毫没有什么可奇怪的了。

具体来说，韩国各地大大小小的秦汉史学者，都把秦汉史研究，等同于读《张家山汉简》一件事情，而在读《张家山汉简》时，又只读其中的《二年律令》，至于《盖庐》等材料，则是无人关心的。我曾参加过在淑明女子大学举行的每月一次的秦汉史学术月会，主题就是一个，逐期释读和讨论《张家山汉简》中的《二年律令》的简文，月复一月，别无他例。与会者人手一册中国文物出版社出版的《张家山汉简》普及本，一条简一条简读下来，再叽叽喳喳讨论一番，忙乎几个钟点，就做这么一件事。

在这样的学术生态之中，任何韩国秦汉史研究者都没有了其他的选择，只能是一本正经地一哄而起释读《二年律令》，否则，就等于是没有“预流”，自绝于这个学术圈子（也真的是小得可怜）！我相识的金珍佑博士，原来侧重于两汉政治史研究，学位论文写的是“昭宣时期汉王朝政治生态嬗变”，可现在早已是尽弃旧业，以昨非而今是的姿态，一头扎进《二年律令》之中，企冀所谓的“预流”，以争取获得这个小小圈子的认可。

不过，问题在于《张家山汉简》固然重要，“二年律令”对深化推动汉代法律史研究固然意义显著，但它毕竟不能等同于秦汉史研究的全部，更无法取代或笼括秦汉史其他研究领域。而韩国的秦汉史学者置大量丰富的秦汉历史内容于不顾，以释读研究《二年律令》为秦汉史研究的唯一对象，很显然是挂一漏万、自我设限的做法。表面上，这是对中国秦汉史学界学术热点的亦步亦趋，积极“预流”，可实际上，却是狭隘封闭，关上门后的“一个人的精彩”，其遭遇冷落，被社会边缘化乃是可以预料的结局。

毕竟，由于语言、文献、视野、交流等各种条件的限制，即使是专搞《二年律令》，他们所能取得的成绩也是比较有限的，很难超越中国甚至日本学界这方面的研究水平。这样，他们便既丧失了研究的主体性，又缺乏研究的多样性，攻其一点，不及其余，只能“螺蛳壳里做道场”，自娱自乐。所以，这就难怪韩国的秦汉史研究之路会越走越狭窄，看不见隧道尽头的光亮，成了真真切切的“孤单之旅”。要知道，世上是没有人乐意为这种钻牛角尖式的学问“买单”的，韩国秦汉史研究的前景，未卜也能知晓！

第三模块“历史教育及其方法”，其性质类似于我国的历史学师范教育，主要是培养初中级学校的历史教学的师资，重点是传授一般历史知识，进行历史教学方法的训练。在这个类别里，学术研究不是具体的任务与目标，对各种学术动态与进展，只需要有所了解和及时引入就可以了。在某种意义上，它是韩国历史学的基础，发挥着普及历史，营造尊重传统、尊重文化的浓厚氛围的作用。

应该说，将历史教学从历史学研究中独立出来，是可取的做法。毕竟研究是极少数历史学者的职责，不必太多的人大呼隆一拥而上，更有必要的是注重历史的大众教育与社会普及。

这一点，颇值得中国历史学界借鉴：要尽可能跳出“精英”意识的窠臼，而不该把历史研究与历史教育混为一体。专业的研究固然很高雅，可高雅的同时，又不免呈现孤芳自赏的清高。所以，当历史学者呕心沥血，打磨出一部部佶屈聱牙、莫测高深的“学术精品”的同时，他们也悲哀地发现，这些成果有如博物馆里的文物，“养在深闺人未识”，丝毫引发不起普通人们的兴趣，随你在狭窄小圈子里的流连忘返，却终究无法与社会大众发生联系，更遑论引起共鸣。用流行歌曲的歌词来形容，便是“一个人的精彩”。这样一来，整日在竹头木屑中捣鼓、长年在浩瀚史册里折腾的历史学研究，其前途也只能是越来越淡出人们关注的视线，不可逆转地走向边缘化。

韩国校园的“抗议”文化

我不能不赞美，
这向晚的五月天。
怀抱着云和树，
那些玲珑的水田。
白云穿掠着晴空，
象仙岛上的白燕！
晚霞正照着它们，
白羽镶上了金边。
……

——徐志摩《车眺》

五月，多么富于诗意的日子，提到她，总让人心里涌起一种莫名的感动，联想到美好的青春和盎然的生机！然而，2007年的5月则不然，她带给国人——尤其是我们这些在学校里吃粉笔灰的，只是沉重乃至悲怆。

在这个5月，也不知道是什么地方出了问题，不断传来国内高校学生本科生、硕士生、博士生（各个层次均有）跳楼自杀的噩耗。真的教人心情沉痛。

就以北京地区的高校说事，5月13日，清华大学一硕士生高高坠落，命归黄泉；5月14日，北京农业大学一本科生纵身一跃，一了百了；5月15日，北京师范大学一硕士生撒手而去，了却尘缘；5月16日，敝校（中国人民大学）一女博士生告别尘世，香消玉殒。一天一个死于非命，这景象又怎么一个“惨”字了得！以至于网民们竟编撰出这样的联语：“实验楼宿舍楼教学楼，楼楼皆跳；本科生硕

韩国延世大学校园景色

士生博士生，生生不息”！

汤显祖《牡丹亭》有词云：“原来姹紫嫣红开遍，似这般都付与断壁残垣，良辰美景奈何天，赏心乐事谁家院！”杜丽娘如此，今人也一样。春季万物复苏，风光明媚，容易让人触景生情，感春伤怀。加上毕业即面临失业的阴影徘徊，学业过于沉重的现实存

在，家庭个人特殊际遇的曲折坎坷，等等等等，前程黯淡，希望渺茫，让那些年轻脆弱的心灵承受不了，结果做出不理智的选择，这也就是有这么多的年轻生命黯然消逝的深层原因了。面对这样的悲剧，简单地责怪这些年轻的死者“不负责任”、“心理脆弱”是很不公平的，更是极不人道的。社会大众，尤其是那些教育管理者应该心存愧怍，反躬自省：我们的教育到底失败在哪里？我们怎样才能做到既不“尸位素餐”又不胡乱折腾？我们又怎么设法尽可能减少（要杜绝是不现实的）这些花季年华的年轻人白白枉死悲剧的发生？

在韩国，接触了当地校园里普遍流行的“抗议”文化之后，我觉得自己忽然有所感悟。原来中国高校的学生自杀事件的此起彼伏、愈演愈烈，在很大程度上是因为大家普遍感受压抑，而又没有畅通的宣泄渠道所造成的。

韩国人均受高等教育的比例远远高于我们中国，约十万平方公里的小小国土面积上，林立着数以百计的高等学校，可谓多如过江之鲫，堪称人满为患。韩国的大学生毕业后，工作岗位难寻觅的程度，比起我们中国来，可以讲是有过之而无不及。然而，我在韩国整整一年，却从不曾听说有韩国高校学生跳楼自杀的消息（或许是我本人孤陋寡闻的缘故吧）。韩国是一个新闻完全自由的民主国家，如果有学生跳楼自杀之类的事件发生，一定是最耸人听闻的消息，会成为媒体争先恐后报道的社会新闻焦点。我这一年里发现媒体几乎没有这方面的报道，那就说明学生跳楼这种现象的确是近于绝迹的了。

是什么使得韩国高校校园里绝少自杀事件的出现？我刚开始时颇有些纳闷，但是，随着我对韩国校园文化的逐渐了解，终于多少明白了这中间的某种奥妙。归根结底，是韩国独特的校园文化氛围，给韩国高校的莘莘学子提供了最畅通的宣泄渠道，让怨恚、不满、困惑，在没有形成心灵风暴之前悄然化解与释放，从而最大限度地减轻了学生们抑郁苦闷的负面心理情绪，比较顺利地走出了情感的漩涡，使其成为人生旅途中的进取者与主宰者，从而避免了不少无谓的人生悲剧的发生。

韩国高校校园里业余活动之丰富，节日种类名目之繁多与夸张，足以让我们这些外人瞠乎其目，感到匪夷所思。

以春光明媚的5月为例，首尔大学、高丽大学、延世大学、庆熙大学、汉阳大学、西江大学、东国大学、建国大学、世宗大学、梨花女子大学、淑明女子大学、诚信女子大学等著名高校（更不必说弘益大学这样的专业型艺术类大学了），可以说不是校园是游乐场，男男女女的学生“穿着各色T-shirts，筹办各种Festivals，布告栏、楼梯、地面，到处都是铺天盖地的广告。风格各异的音乐伴着群情激昂的宣传声，着实让人感到青春真好，有的是时间可以挥霍”（摘自于“韩国策”的博客文章“下雨、蹄膀和凌晨4时半”）。美国好莱坞大片《泰坦尼克号》中男主人公杰克所信奉的人生哲学：“享受生活每一天”，在这些韩国在校大学生的身上，得到了形象生动的体现。

这样浪漫的情怀，这样宽松的氛围，这样幸福的感受，使得他们心中所有的郁闷被宣泄一空，哪里还会有负面的情绪？哪里还会有迈不过去的坎？是“春风十里送啼莺，山色江光翠满城”（郑板桥诗句），是“未到洞庭先一笑，岳阳楼上对君山”（黄庭坚诗句），有的只是自由不羁的心灵，挑战自我的精神，追求快乐的自觉意识，拥抱幸福的人生理念！这时候，死神的幽灵早已逃遁得无影无踪，留下的只有蓬勃的生机，璀璨的年华。

当然，对韩国高校学生而言，生活中也不是只有光明的一面。他们也要上课，他们也要考试，他们也要去应聘寻找自己的饭碗，他们也会向隅而泣品尝失恋的滋味……总之，他们也有烦恼，个别人甚至也会遭遇各种打击。然而，即使是在这种情况下，他们也有排遣心中郁闷，化解心中压力的途径，这就是颇具特色的校园“抗议”文化。

我第一次在高丽大学美丽雅致的校园里散步观光时，就注意到一个很特殊的现象：在庄重肃穆的高丽大学主行政楼之前，搭着一个蓝帆布的大帐篷，上面还张贴着好几条韩文书写的标语。在绿树成荫、鲜花盛开的校园里，突兀存在着这么一个“怪物”，实在显得很不协调，甚至可说是大煞风景。

我向陪同我散步的高丽大学亚细亚研究所的朴教授询问，这顶帐篷是怎么回事？它搭建在这里，与校园景色多不协调，岂不是大煞风景？他笑道对我解释说：这是几个受校纪处分的学生在抗议。原来，这几个学生在某一次考试中作弊，学校当局依据校纪相关规定给予其以开除学籍的处分。他们不甘心接受这样的裁决，就到学校行政办公楼前抗议。校方不予以理会，他们便一不做，二不休，干脆就在办公主楼跟前支架起帐篷，打持久战，希望通过这种比较极端的手段，迫使校方撤销有关处分决定。

校方不愿让步，理由是“不向要挟示弱让步”；他们也不肯退却，常言道“开弓没有回头箭”。于是，抗议行动也就这么日复一日、月复一月地持续了下来，帐篷也始终支搭在办公主楼跟前。时间一长，双方就进入了战略相持的阶段。受处分的学生也顾不得更多，白天轮流外出打工，解决基本生计问题，到了夜幕降临、华灯初上，则倦鸟归巢，回到帐篷中休息，周而复始，循环往复，大家就只能拼耐心了。

到了2007年春节前，在蓝帆布帐篷旁又支架起二顶圆形的白帆布帐篷，上面同样张贴着醒目的韩文标语。一位懂韩文的中国留学生告诉我，那些标语上书写的是这几位抗议学生有关自己斗争行动的周年纪念感言，说明搭建两顶帐篷乃是为了纪念他们这一周年来的抗议经历。直到2007年8月，我完成访学任务，作别高丽大学回国时，那些帐篷依旧静静地立在那里。学校当局并没有去干预，而是采取了见怪不怪、其怪自败的策略，以待其主动退却。抗议学生知道事到如今，别无退路，否则将会前功尽弃，所以也丝毫没有妥协的意思，仍然在帐篷里进行持久作战。大家都在比耐心，熬时间。至于结果究竟会如何，那也只有天晓得了。

然而，就在这样的相持之中，这些受处分的学生心中的戾气，

韩国高丽大学主楼前的学生“抗议”帐篷

通过“抗议”的方式得以多少释放了，他们把“抗议”当作一种过程，从而避免了因心理的抑郁而可能导致的走极端的冲动。而校方当局的容忍，不作强制性、暴力性的行政干预，也给这种“抗议”方式留下了回旋的空间，使得矛盾不至于激化到发生悲剧的地步。

2007年4月的一天，我前往汉阳大学拜访该校哲学科的金炳采教授。进入汉阳大学校园后，见到其行政主楼前也搭着一顶帐篷，同样是几位受校纪处分的学生在那里作持久性的“抗议”。看来，这种校园“抗议”文化，乃是韩国高校中普遍流行的现象，而绝非高丽大学所独有的一道风景线。

这里，我们姑且先不去评论这些学生的“抗议”是否有道理，仅仅就这种校园“抗议”文化现象而言，它的存在，给那些本来容易走极端的学生提供了一个合理宣泄的渠道，释放了其内心深处偏执性、对抗性、破坏性的能量，从而使冲突有了比较有效的控制。在这样的文化氛围之中，像国内高校里相当常见的轻易走上绝路，动辄跳楼自尽的极端行为，自然要在韩国高校的校园里近乎销声匿迹了！

《国语·召公谏厉王弥谤》有云：“防民之口，甚于防川。川壅而溃，伤人必多。”可见，早在西周时期，召公等明智的政治家就懂得化解民怨、稳定政局、维系秩序的关键，是在于手段策略上的宜“疏导”而不宜“阻塞”。韩国高校校园里的“抗议”文化，在客观上所起到的作用，就是宣泄怨怼、疏导情绪，从而在最大限度上实现了社会、尤其是高校内部的和谐。这真值得我们学习与领会。这样，可以减少多少类似于石首事件、瓮安事件、杨佳事件、邓玉娇事件的现实悲剧？真正营造出稳定与和谐的局面！

“天方夜谭”：一个校长的“落马”

眼下，国人们最最不满意的事情，如果做个统计的话，高等教育肯定是榜上有名。学费昂贵，穷人子弟上不起学；扩招离谱，就业形势一片黯淡；教学滑坡，学生质量江河日下；教改折腾，师生员工怨声载道；官气弥漫，大学精神不断沦丧……真的是“城”里“城”外皆痛心疾首，瞻“前”顾“后”实不胜唏嘘！

在对高等教育的诸多责难痛诟之中，学风堕落、学术腐败又占了突出的位置，成为公众口诛笔伐的重要靶子。的确，人们的这个愤慨和痛恨是完全有道理的。有些被媒体所揭露的学术腐败事件实在闹腾得太出格、太夸张了，听上去就如同天方夜谭似的。

最为典型的，就是所谓的“汉芯造假事件”：一个上海交通大学的教授，从海外买来一个芯片，让人打磨掉原产地的所有痕迹，再镌刻上“汉芯”标志（若在宋代，他可以到水泊梁山“入伙”，当第二个“玉臂匠金大坚”），然后拿着它去申报国家重大科技进步奖，居然瞒天过海，骗来了令人咋舌的巨额经费，并且混充上杰出的学术创新带头人。这一把实在玩得够大够神奇，完全有资格入选“吉尼斯世界造假大全”，并成为竞争“桂冠”的候选者。这不能不教人佩服这位“教授”的“创意”与“魄力”，是一个“人有多大胆，地有多高产”、“不怕做不到，就怕想不到”在今天社会的生动范例。很可惜，他没有步入“政坛”，否则就是一匹最黑最黑的“黑马”呀，遗憾啊！学术腐败和堕落到了这个地步，真的教人愿意效法三缄其口的“金人”，彻底无话可讲。

更加有意思的是，这桩匪夷所思的学术“造假”事件（其实说“造假”并不准确，太轻飘飘了，它应该定性为“欺诈骗取国家资产罪”才对）被揭露之后，其后续处理也是“大事化小，小事化了”，既没有见到其所在高校公开向社会道歉，也不见那些当时主持或参与成果“鉴定”，给学术“造假”、“欺诈”发放通行证的专家们勇敢站出来表示任何忏悔，更不见那位气冲霄汉的“造假教授”缘此而灰头土脸，丢了饭碗。总而言之，言而总之，是和整个社会“幽”了一“默”，好像是嘲讽挖苦这场学术打假纯属是“天

春到高丽大学

下本无事，庸人自扰之”的举动。“厚黑”精神光大弘扬到了这个程度，自然是百毒不侵、无往而不利了！真正典型的中国传统文化特征形象说法是：“始于作伪，终于无耻”！

实际上，一个人，一个单位，出点问题，犯些过错并不是什么了不得的事例，古人不也这么说过嘛：“人非圣贤，孰能无过？”可要命的问题是犯了错以后却千方百计强词夺理、文过饰非、拒绝反省、一错再错。从这个意义上讲，“汉芯事件”给人们最大的启示是，中国高等教育的弊端已经是积重难返、河清难期了。“哀莫大于心死”，歇菜吧！

言归正传，还是回头再来看韩国。

“月儿弯弯照九州”。然而，“外国的月亮并不比中国的圆”，韩国的高等教育界也不是世外桃源、一方净土。韩国高校的教授也是人，是人，就会“一半是天使，一半是野兽，难免“寡人有疾”，有人性的盲区与弱点。好大喜功、追名逐利也是人性的有机组成部分，它转化为某些教授的行为方式，就是像吸食鸦片似的，尝试着学术“作秀”乃至“造假”，为自己攫取最大的个人利益。

国立首尔大学黄禹锡教授的“克隆造假事件”就是一个典型的例子。这位黄教授让名利的诱惑冲昏了自己的头脑（或许同时还掺杂着“为国争光”之类的民族意识），于是乎，“恶从胆边生”，他便伪造技术数据，虚构实验结果，策划了一场“世纪大骗局”，公开宣称自己在“克隆”技术领域取得了革命性的突破，并把这一发现堂皇亮相，刊登到世界权威刊物上。

韩国人是极度讲求民族自尊与民族自信的。得悉黄教授在世界科技某个重大领域中独占鳌头、笑傲江湖的消息，人们当然是欣喜若狂，如醉如痴（这也不能怪罪于普通的韩国民众，毕竟是“内行看门道，外行看热闹”嘛），为韩国“克隆”科技的“飞跃”大声喝彩，评功摆好，而这位黄教授也顷刻之间成了韩国人心目中伟岸高大的“民族英雄”了。

大政治家毛泽东曾经说过：“假的就是假的，伪装应该剥去。”一位外国的杰出政治人物也讲：“你可以在一段时间里骗住所有人，也可以在所有时间里骗住一部分人，但是你无法在所有时间里瞒骗住所有的人。”诚哉斯言！黄禹锡教授的“克隆”技术造假也没有能逃脱这个规律。在全世界的众目睽睽之下，黄教授的造假行为被彻底揭穿了，真相大白于天下。黄教授颜面扫地，狼狈不堪，无地自容！

不过，令人敬佩的是，韩国人对此事做出了正确而正义的反应。他们先是震惊，接着是失望，再就是愤慨，再就是斥责，最后乃是决断。他们为事实的真相而震惊，他们为科技“大进步”的气球被戳破而失望，他们为黄教授造假之举所导致的负面影响而愤慨，他们对黄教授忤逆学术良知的丑陋行径而齐声痛斥，他们对黄教授造假作出了迅捷而坚决的处置，以最大限度地恢复和彰显学术正义，挽回国家的学术声誉。于是乎，这位黄教授就倒霉了，就玩完了，就落魄了，科研经费被收缴了，教授职位让剥夺了，做人的面子给羞辱了，甚至据说还有面临牢狱之灾的危险。“天作孽，犹可说；自作孽，不可活。”当教授、做人到了这般地步，也算得上是穷途末路、彻底失败了！

其实，在韩国，不要说这种明目张胆的学术造假会到处碰壁，四面楚歌，就是一些学术不规范、学术存争议的问题，在特定的时空环境里，也会成为一个学者人生道路上的“滑铁卢”，从此一蹶不振。说到这儿，我们就不能不提那位在高丽大学校长的位置上只坐了一个月不到，便灰头土脸、黯然出局、无奈下台的李商弼教授的故事了。

公元2006年岁末，高丽大学校长鱼允石教授任期届满，功成

雪后的高丽大学校园景色

身退，国不可一日无“君”，学校不可一日无“长”，于是就按相关程序，公开推举高丽大学新的一任校长。来自于高丽大学商学院的教授、曾留学美国，获名校哥伦比亚大学经济学博士学位的李商弼先生，经全校教授、一般教师、职员和学生代表的投票（据说原先仅教授们有投票权，近年来为了体现民主治校的普适精神，职员和学生也可以参与这场选举“游戏”，但权重明显不高，实际上还是教授们的选择占主导地位，换言之，谁当校长，由教授们说了算），击败其他竞争对手，当选为高丽大学新一任校长，并于

2006年12月25日（真会挑选好日子，与“圣诞节”同一天）履新上任。

可是，不到短短的一个星期，一件惊人的消息就震动了百年老校高丽大学的校园，也在整个韩国掀起了一场不大不小的波澜，甚至在邻国中国也不胫而走、迅速传播（中国的重要门户网站“新浪网”曾以新闻要讯的形式加以发布）：高丽大学新任校长李商弼教授涉嫌抄袭剽窃自己博士生的学术成果，学术人格破产，面临下台的危机！

据相关报道宣称，这一学术“罗生门”事件是这样的：李商弼教授正式发表的某篇学术论文，采纳了其博士生博士学位论文中的学术观点与论证模型，因此，存在着所谓的“抄袭”和“剽窃”的嫌疑。李商弼先生本人完全不认同这种指摘，极力申辩说：其学生博士学位论文的基本观点与研究思路都是由他做导师的所提供的，是导师见解的具体化而已；更何况，它是他自己主持课题项目的组成部分，课题以他的名义申请与完成，则自己的所作所为根本不属于“抄袭”或“剽窃”的性质。

其实，这位李校长的说法并不是一点道理也没有。据我所熟识的高丽大学几位教授讲，在韩国高等学校里，导师申请到项目，让自己的博士生参与到其中，跟随自己做课题，其研究成果导师是可以共享的，以自己的名义发表也不是什么大的问题，这乃是一种为学术界所基本认可与允许的“潜规则”（倒颇类似于咱们高校某些学科时兴的“老板制”）。问题是，作为名校校长这样的公众人物，要接受更严格、更苛刻的学术道德衡量与约束，这类事情如果一旦沾上，就会有比较大的麻烦。

很显然，如果李商弼先生只是一位普通的教授，那么他的所作所为就不是什么重大问题，一般没有人会跟他去较真，更不会因为这类本身尚具争议性的事情而招惹是非、遇上无妄之灾。民不告，官不究，他可以安安稳稳、泰然自若把教授很滋润地做下去。

可是，当了校长就完全不同了，一旦到了这个位置上，你就处在了风口浪尖，成为了公众视线的焦点。这时候，你的一举一动，都要经受社会公众严格乃至苛刻的审视，接受超乎常人的学术道德标尺的评判，任何瑕疵、任何疏忽，都会被拿到放大镜下，都会被揪住不放、穷追猛打。要知道，那些不乐意看到你上台的同行们正发愁抓不到你的把柄呢（和我们中国一样，在韩国，同行是冤家，内行整内行也是社会生活的常态），现在，你自己露出了狐狸尾巴，他们自然绝对不会轻易放过，是非把你咬个遍体鳞伤不可的！这也是你自己活该倒霉，谁让你一不小心留有破绽，让人家有机可乘呐！

面对一浪高过一浪的呼吁自己“引咎辞职”的强大压力，李商弼教授还想做最后的抵抗，毕竟这个校长的位置来之不易，况且人总是要面子的，就这样灰溜溜辞职下台，面子上也挂不住呀。于是乎，他希望搞一次比较小的范围的信任投票，由教授委员会来投票决定自己的去留（或许他以为该委员会中自己的铁杆拥趸较多，自己比较有胜算）。然而，他的对立面深谙“宜将剩勇追穷寇”之道，是不会给他任何死灰复燃、卷土重来的机会的，他们反对搞小范围、小圈了的投票，坚决主张由全体教授投票表决。

众怒难犯，李商弼教授也许是清楚地看到了全体教授投票的结果会不利于己这一点，权衡再三，终于作出了放弃抵抗、引咎辞职的决定。就这样，他在校长这把交椅上屁股还没有坐热，就从“终点”又回到“原点”，身心俱疲、丧魂落魄回到高丽大学商学院，重执教鞭去了，成了高丽大学一百多年校史上一位最短命的校长。此时此刻，相信他的心情一定是非常懊恼、非常沮丧的，“羊肉没吃着，反惹一身羶”，实在悔之莫及。可是，这也不能一味责怪自己的对手心肠歹毒、下手太狠，谁让你自己不是金刚不坏之身，能牢牢立于不败之地呢！

李商弼先生短命的校长生涯，固然是由种种复杂的原因造成的，这中间也掺杂了一定的学术权力倾轧因素。但是，这事情本身，却是具有正面、积极的意义的。即身为学术领袖人物，更应该具备高尚的学术道德境界，更应该严格遵守学术运作规范，更应该自觉引领学术研究正气，否则就不要轻易下水，就不该贸然入局，以致成为箭垛，既损害了学校的利益，又损害了自己的面子。所以，这场风波，是对李商弼教授本人的一次深刻教训，同时也是对所有在学术界混饭吃的人士的一个有益启示。

从更深的层次考察，我们可以发现，正因为韩国学术界对学术规范问题相对敏感，有时甚至为了竞逐学术利益而勾心斗角，放大问题，小题大做，闹得人人自危，唯恐天下不乱，所以在客观上也起到了对学术腐败的某种制约。正如老子所说：“反者，道之动。”坏事变好事，这又何尝不值得充分肯定呢?

“吾道不孤”

——人文学科在韩国

国内每逢高考临近，总有一些穷极无聊的好事之徒在那里评点国内高校专业的优劣，于是就有“高校十大最惨专业”、“高校十大最低人气专业”、“高校十大前途黯淡专业”之类的排行榜，堂而皇之在“新浪”、“雅虎”、“网易”、“搜狐”等门户网站张布亮相，给考生及其家长指点迷津，提出忠告，真是悲天悯人，普度众生，唯恐大伙儿一不小心“上错花轿嫁错郎”，误入歧途，错上贼船，耽误了后半生的幸福。

这种榜不论怎么排，人文学科的三大核心科目——历史、中文、哲学通常都榜上有名，很少有“名落孙山”的狗屎运。想想这也并不奇怪，现在是“一切向钱看”的年代，在许多人眼里纯粹是“赔钱货”的人文学科，怎么能让人报以青睐，哲学固然深沉，文学固然优雅，历史固然神妙，但如果不能换来大把大把的票子，那就是一碗“坚硬的稀粥”！幸亏国人普遍有贪大求全的心理定势，总共十来个学科门类中，人文学科至少占了三个：哲学、文学、历史，一旦心血来潮把它们快刀一挥去掉了，这意味着学科残缺，就不“全”不“圆满”了，多少会有些遗憾。因此，也只得留住它们，作为一种点缀，一点装潢。不过，强扭的瓜不甜，在这种功利至上的氛围里勉强生存下来的人文学科，其处境当然只能是“落花流水春去也，天上人间”，半死不活，苟延残喘！

到了韩国，所以让我这个当历史学教授的心理获得莫大平衡，是因为我发现，韩国人文学科的处境也不比咱们中国好到哪里去，“吾道不孤”。看到“外国的月亮跟中国的一样不圆”，看到自己不是“茕茕孑立，形影相吊”，还有一样倒霉的家伙和自己做伴，则一个人的心情便立马释然了。西哲有云：“只有神仙和野兽才喜欢孤独。”人既非神仙，又非野兽，心理上总是渴望着有伴。刘若

景福宫——韩国人的骄傲

英所唱的“一个人的孤单”毕竟是自我调侃，唱唱罢了，不可信以为真。眼下看到韩国同行与自己同病相怜，就像是有人帮自己卸去了身上一半的负荷，顿时轻松了许多。

还是拿我最为熟悉的访学单位高丽大学来说事。

高丽大学，在韩国本国的叫法，是“高丽大学校”，其下辖有工科大学、理科大学、医科大学、文科大学、商学院、政经管学院、法学院等二级学院（“大学”在这里，等同于学院）。在诸多“大学”（学院）中，很显然，文科大学是日益被边缘化的对象。这从各个“大学”（学院）的所在建筑物就可以看得非常清楚，与富丽堂皇的商学院大楼、雄伟气派的工科大学楼、新颖别致的政经管学院大楼、庄严厚重的法学院大楼相比，高丽大学校文科大学的主楼就显得衰颓萧瑟、甚为寒酸。唯一可以让该校文科师生们聊以自慰的，是其楼的历史已有年代，它建造于上个世纪初，是高丽大学校园中最早的建筑之一，已被荣幸地列为了“史迹”（类似于国内的文物保护单位）。

高大文科大学的主楼不仅陈旧，而且还仄狭，根本无法容纳文科各专业的教授办公，所以也只好腆着颜面向其他“大学”（学院）借场所，来安顿文科专业教授的办公之需。我的合作教授朴先生的办公室就安置在法学院大楼之内。这种现实存在的本身，已经足以说明人文学科在高大的真实处境和实际地位了。民国年间主持清华大学的梅贻琦校长有句名言，常为一些附庸风雅之徒所热衷引用：大学者，非有大楼之谓也，乃有大师之谓也。这话又对又不对：大学固然要有大师，可是同样离不开大楼。脱离开大楼侈谈大学如何如何，说得难听一些，似乎有“诓哄”与“意淫”之嫌。毕竟，对一所好大学而言，必要的、优良的“硬件”条件不可或缺。文科大学的大楼在其他大学面前低了这么一大截，那么其在学校以及学科建设中尴尬与失落的处境，恐怕也是不争的事实了。

人文学科的边缘化也体现在大学校长的出身背景之中。国内前些年许多高校的校长都出自人文学科的专业，仅以历史学者身份当校长的，就有西北大学的张岂之教授、中国人民大学的李文海教授、华中师大的章开源教授、陕西师大的赵世超教授、杭州大学的沈善洪教授、首都师范大学的齐世荣教授等。可如今则大不相同了，除了华中师大校长马敏先生、首都师范大学校长刘新城先生、中央民族大学校长陈理先生等个别人仍由历史学者身份发迹外，其他学校似乎未听说有历史学的人做主宰的。

高丽大学的情况亦类似。据我所认识的该校教授介绍，以前高丽大学的校长，学术背景一般为人文学科或社会科学领域的著名教授，但最近这几届的校长，则通常出自于商学院、工学院。仔细想起来，这其实也很正常，商学院、工学院都与国计民生息息相关，社会需求量极大，水涨船高，风头正健，“长风破浪会有时，直挂云帆济沧海”，其主宰校务也算是“顺乎天而应乎人”。更何况，韩国等国家的高校，公立只是极少数，绝大部分均为私立（包括了处于“SKY”行列的“K”——高丽大学、“Y”——延世大学），其校长的主要职责之一，就是千方百计、绞尽脑汁给学校“圈钱”，为学校的生存与发展注入血液。这些热门学科的教授多与那些大财团有千丝万缕的联系，由他们出面募捐圈钱，往往是生财有道，事半功倍。所以，由他们中间的强者来担任校长，主宰校务，也属于理有固宜，势所必然了。不过这样一来，“冠盖满京华，斯人独憔悴”，人文学科朝中无人，商界无友，政坛无援，发言权日益消失，更快地走向边缘，恐怕也成了不可逆转的大趋势了。

事实正是这样，历史学等人文学科在高大的整个学科布局中，正在越来越变得无足轻重，可有可无。有一个例子可以说反映的恰好是这种客观现实。高丽大学史学科中国史专业的教授岗共有三个，即中国上古史、中国中古近古史、中国近现代史。这中间，上古史教授退休已多年。2006年，中国近现代史岗上的辛教授也到龄退休，只剩下了一位中近古史的朴元熇教授在那里独自支撑，勉强维系。按理说，应该遴选出新的教授及时填补中国

秋色初染的韩国宗庙

上古史、中国近现代史教授退休之后所出缺的位置，可是好几年过去了，仍然未见这两个专业的新教授上岗，开展正常的教学与科研。

当然，造成这样局面的原因非常复杂，据说其中掺杂着史学科内部的是是非非、人事纠葛，拉帮结伙，互相倾轧，尔虞我诈，纵横捭阖，同样成为他们多年来无法克服的顽症。可是说到底，还是

学校决策层对此抱无所谓的态度，根本不在乎历史学科的兴衰，若是换成了商学院、法学院等红火学科，校方是绝不会容忍教授长期缺岗、教学与科研应付凑合的情况出现的，他们恐怕早已经主动出手，把事情给摆平了。如今校方对史学科的队伍建设、学科发展睁眼闭眼、放任自流，这实际上恰好印证了史学科等人文学科在其眼里顶多算个点缀，甚至当作累赘。人文学科在高丽大学的地位，于此也可以洞若观火、举一反三了。

人文学科在当代市场经济大潮面前急剧萎缩与没落，这也是世界性的现象。我在访学欧洲时同样发现了这个具有共性的问题。近年欧洲汉学的兴衰就是一个明显的例子。众所周知，欧洲原来是世界研究中心。以汉学为例，各个大学原来几乎都有汉学系，基础雄厚，传统悠久。但是，近些年来，欧洲的汉学研究正处于急剧萎缩之中，原有的汉学系多被东方系取代，汉学研究所纷纷被合并，由东方研究所取代。像在德国，原来的著名高校如波恩大学、科隆大学都有汉学系，如今则早已风流云散了；据说只有慕尼黑大学才保留了一个成建制的汉学系，成了整个德国中的唯一。总之，对欧洲而言，原有的世界帝国已雄心不再。尤其是这次金融危机对欧洲的经济打击很大，即以英国为例，政府已经决定大幅度消减大学的经费，许多与汉学有关的研究席位面临着生存的极大危机。

其实，就整个韩国范围而言，高丽大学的人文学科处境还算是相对比较幸运的，因为国家对首尔大学、高丽大学、延世大学等其国内一流高校的人文学科，还是给予独特扶持的，在经费投入、课题立项、资源整合等方面，政策上多有倾斜。所谓的“BK”项目的资助，就是十分典型的例子。如高丽大学史学科朴教授本人不久前就申请到了名目为“韩国历史与世界历史文化交流”的“BK21”国家项目，经费颇为可观，据他自己称，7年共有8亿元韩币（按2007年的韩币与美元汇率折算，相当于人民币650万元）。

可是普通高校的人文学科就很难有这种幸遇了，其所过的日子可远要“悲惨”得多了：获国家项目的经费资助乃一枕黄粱，缘木求鱼；得学校经费的保障安排则自讨没趣，自寻烦恼；争社会各界的捐助帮忙连门儿也没有！整个儿“求生不得，求死不能”。在这种情况之下，韩国高校中人文学科的生存与发展，也只能是强打精神，“做一天和尚撞一天钟”，自求多福，“骑驴瞧唱本，走着瞧”了！

忠州的森林

韩国高等教育财团对其每年度所资助的亚洲各国访问学者的关心与照顾，可谓是无微不至。一年中，除了三次正式的大规模的韩国历史文化寻访之旅外，还不时地组织一些规模略小、形式多种而同样精彩的参访、聚会活动，让我们这些天涯游子感受到家一般的温馨，这就是高明运用文化软实力的妙招，“羚羊挂角，无迹可求”，“不着一字，尽得风流”，的确值得我们借鉴。

这样的临时性参访活动，平均一个月一次。5月份，时序暮春，绿树成荫，繁花似锦，财团通常安排组织去外地踏青探胜，去处则选择在忠清北道忠州市的SK集团忠州林区教学基地。

SK集团是韩国著名的大财团之一，据说其规模与实力在全韩国位居第二或第三，与三星、现代、LG集团齐名，其大本营在韩国东南海岸、号称韩国“产业首都”的蔚山市。经营的领域有石油、化工、汽车、电讯等行业。SK集团的决策层，在开发技术、经营实业、拓展市场、推进外贸的同时，非常重视对文化教育事业的投入与资助。“韩国高等教育财团”就是SK集团旗下专门从事文化教育事业的机构，它的主要职责有两项：一是遴选并资助优秀的韩国青少年去海外名校深造；二是每年从亚洲各国接受部分学者（学科不限，但以人文社会学科为主体）到韩国从事访学和研究。

忠清北道忠州市的SK集团忠州林区教学基地，是SK集团专门用于外训其干部员工的场所，它集培训与疗养于一体，是SK集团企业文化的重要载体之一。

忠州位于忠清北道的东北部，在其地面上，有风光旖旎的忠州湖，湖上乘船，可以游览观光由玉荀峰、龟潭峰等组成的著名丹阳八景。另外，月岳山、小白山国立公园、水安堡温泉、思潮滑雪场等等，也是一些比较有名的观光处与度假地。SK集团把自己的外训教学基地设立在忠州，应该讲，是一个很有眼光的选择。

从位处首尔江南区驿三洞的韩国高等教育财团大楼集合出发，经两个多小时的车程，近午时分，我们抵达了目的地。春日的韩国大地，用一个词来描绘，就是“绿”。宋代王安石有句名诗，“春风又绿江南岸，明月何时照我还”，用来形容韩国春天的景致风光，那是最贴切不过了！的确，到处是青翠欲滴，到处是郁郁葱葱，景色宜人，“如在山阴道上行，令人目不暇接”。那一天，老天爷对我们还是很眷顾的。我们早上从首尔出发时，天上一直下着淅淅沥沥的雨，途中这雨也没有间歇消停，但这时春雨倒是停了下来，给我们接下来的行程提供了方便。

下车后，我们在韩国高等教育财团工作人员的引导下，沿着山路拾级而上，越往上行，树木越是茂盛，空气越是清新，赏心悦目，沁人心脾，就像置身于一个天然的大氧吧。大约步行一刻钟后，我们来到了林间的一块空阔地，在那里的石凳上错落入座。听取林场负责人对林场和教学基地作介绍。他向我们详细说明了SK集团属下忠州林区教学基地建立缘起、历史沿革、现状情况以及未来发展规划。使我们从一个侧面了解与认识了韩国企业文化的精神。

原来，数十年前，这里还是光秃秃一片荒山野岭。SK集团兼韩国高等教育财团创始人崔钟贤先生认为森林就是人类的希望和幸福，以前瞻的战略眼光和精明的经营思维，在上世纪70年代大手笔购下了这里的一大片荒山，开始植树造林，以山养山。不出几

位于忠州的SK集团所属森林公园

年，这里就林木成荫，得到了经济上的丰厚回报。集团便用林区的收入，创办起一所大学，并用以应付韩国高等教育财团的日常性开支。直到今天，林区的这一功能依然在延续，这很好地印证了我们中国的一句老话：“前人栽树，后人乘凉”。很显然，崔钟贤先生不仅是优秀的企业家、教育家，更是卓越的战略家。所谓战略，就是在事业发展的关键性阶段，发展前景尚扑朔迷离，各种可能性同

时存在，决策者能够高瞻远瞩，棋先一着，选择一种成本最小、效益最大、且具有可操作性的最佳方略，从而“致人而不致于人”，把握主动，牢牢立于不败之地。

打仗如此，企业经营与文化建设也不例外。具体地说，就是制定战略预案必须立足于长远，放眼于全局，具有前瞻性；制定战略预案必须建立在最复杂的战略背景之上，致力于完成战略上的根本转折，能起到“山穷水尽疑无路，柳暗花明又一村”的绝佳效果；制定战略预案必须充分考虑到行动过程中的各种变数，应该有很强的实用价值和可操作性。崔钟贤先生能够做到乘隙蹈虚、把握时机，未雨绸缪，夺取经营战略上的制高点，称之为战略家，当是实至名归，洵非虚言。

当然，崔钟贤先生买下荒山野岭植树造林，也有当时大环境的推动。朴正熙统治期间，启动了韩国新农村建设运动，其中的一项重要内容，就是封山育林，植树造林。据韩国国防研究院L先生相告，当时政府为了确保工作落到实处，取得成效，曾规定公教军政人员要认领自己的植树份额，而且每年要检验考核具体落实情况。

所以，崔钟贤先生的作为，在某种程度上乃是对基本国策的呼应，是顺从时代大趋势之所为！

据林场负责人介绍，这样的林区，SK集团共拥有六处之多。不过，各处的植被情况各有所不同，如位于天安的林区，以发展观赏林为重点，而忠州的林区，则主要以种植经济林为特色。

林场负责人还很坦率地告诉我们，林区作为SK集团干部员工的培训教学基地，还刚刚起步，具体的问题仍在积极探索之中。不过，他们很有信心，并表示已找到了一个很好的办法，即调动SK集团各分属公司、机构的积极性，让他们来共同参与这项重大事业。

如第一步是让SK集团旗下的17家公司，各自选择一种花卉，再各修一条路，每条路上都摆满布置好各家公司自己所选择和认领的花卉。这样一来，林区就有了17条鲜花盛开的“花路”，林区的环境就能得到新的改观了。

与此同时，林区还要兴修美丽舒适的度假中心，改善教学基地的硬件条件，给集团内部的培训教学营造更美好的氛围，使这里呈现出一片崭新的景象。从而完全实现这座山林的三个功能，职业培训，员工休闲，对员工家族的奖赏。据说，凡是SK集团的员工都可以利用假期和公司安排的机会享受到以上福利。C教授在其参观感言中提到：“这座山林的开发和一系列举措其实是为了宣扬企业文化和哲学，增强凝聚力。看来为SK工作的荣耀不只是来自于高薪水，还有企业文化中亲近自然、团结如一家的精神支持。”

听完林场负责人的介绍后，我们开始自由参观。沿着山间的小径，我们整整行走了近一个小时，聆听着悦耳的鸟鸣，越过潺潺流动的溪水，我们和神妙的绿色森林进行近距离的接触，让自然的天籁抚慰我们那容易骚动的心灵，让清新的空气洗涤我们那沾染了杂质的胸肺。正如C教授所说：“在韩国旅行的最大感触就是绿色满眼，因为地形本是多山，韩国人又喜欢栽树种花，所以，从大地苏醒以来，几乎每天都呼吸着沁人心脾的新鲜清香的空气，而初春的玉兰、堪娜丽到后进的金达莱、樱花、丁香以及各色叫不上名字的鲜花，让人们在洗肺的同时也养眼。”

拥抱森林，就是拥抱世界，就是拥抱未来。

热爱森林，就是热爱生命，就是热爱永恒！

忠州的森林，让所有来过这里的人，都能够满载而归，都庆幸不虚此行。

饮食滋味

民以食为天：韩国的饮食文化

韩国高丽大学亚细亚研究所研究教授朴先生，曾经留学法国六年，取得博士学位，算是一个典型的韩国“海龟”学者。在留学法国期间，他与一位漂亮的香港女孩相识、相恋、并最终共结连理，成一对郎才女貌的神仙眷属。于是，在与我们这些中国学者闲聊神侃时，他总是自我调侃：由一个韩国的“大男人”，一不小心变成了一个中国的“小男人”。

尽管他自谑为“中国小男人”，但是在我们看来，他依旧是本质上的“韩国大男人”。因为凭他根本不会自己煮饭烧菜这一条，他要当“中国小男人”就完全不合格。试问：在今天，哪个典型的中国男人不是“马大嫂”（买、汏、烧的谐音）式的多面手，他们可都是“下得厨房，上得厅堂”的模范丈夫。而这位可爱的朴先生却根本不会自己做饭，他自己也曾宣称：在韩国，几乎所有的男人（当然也包括他本人喽）都不知道怎样煮饭烧菜，只知道哪一家饭馆的菜肴可口、风味独特。既然他无法自己动手，不能自己搞定摆平肠胃的补充问题，那么，他终究是一位“韩国大男人”。

韩国男人不会煮饭烧菜，而韩国的女子又因投身职场，加之男女平等观念的增强，已有越来越多的女性从锅台边解放了出来，不再以煮饭烧菜为天经地义的事业了。然而，问题是人们又不能不吃饭，结果只能是有越来越多的人到街头的饭馆去解决自己肚子的饥饱问题。这样，就使得韩国的饮食服务业高度红火发达，构成了韩国大大小小城市集镇中蔚为大观、无所不在的饮食文化景象。

韩国城市大街小巷中最多的店铺，首推各类形形色色的饭馆食肆，尤其是各个机关、各个学校、各个商场附近，食肆之多，食客之众，乃是最寻常的景观。每到进食时分，你总能发现，一条街道上，食肆餐馆鳞次栉比，一家比一家红火；各家饭店里，饮者食客川流不息，一天接一天爆满。

与韩国男人大不相同，我们这些访学的男性中国学者，大多都身怀煮饭烧菜的“绝技”。稍有区别的，只是各人的“段位”有所

高丽大学史学科朴教授设宴为中方学者洗尘

不同而已。有的厨艺可以与古人易牙媲美，够资格在一般的中国餐厅里掌勺；更多的则无非是能把生的变成熟的，达到一人吃饱、全家不饿的水平罢了。

基于国人勤俭节约的固有美德，在韩国访学期间，我们通常是自己买菜煮饭，解决温饱。然而，偶尔也会有一些必要的应酬，这时候就不得不进入遍地都是的韩国食肆饭铺打牙祭，这叫做人情往来，不能免俗。于是乎，多多少少和韩国的饮食文化发生了近距离的亲密接触，有了一个更多了解韩国的社会生活与文化的视角。

韩国的饮食文化也是多元的。除了韩式饭菜之外，还有日本料理、中国“料理”以及形形色色的“西餐”。另外，比萨饼、麦当劳、肯德基、汉堡王等洋快餐也有一些（尽管较之于中国，数量上要少得多了）。当然，最主流的饮食，还是韩国饭菜。很显然，韩国文化的本土性与主体性，在其饮食文化中同样有集中的体现。

尽管韩国人自己很骄傲于他们的饮食文化，然而，即便是我这样的味蕾天生迟钝、平时囊中羞涩，在国内时一般只敢到“九头鸟”、“郭林家常菜”这等档次地方“潇洒走一回”的教书匠眼里，韩国的饮食文化也只能称为“简陋”，哪里及得上我泱泱大国的“美食”水准。

说韩国饮食文化简陋，理由当然很多，其中最突出的一点，乃是相对单调。主营韩国饮食的店铺虽多，但不外乎屈指可数的几个大类：

第一，当然是烧烤。韩式烤肉闻名于世，可实际上甚为简单，用煤气点燃火苗，搁置好铁板，然后将经酱油、料酒等佐料浸泡后的肉类放在上面烧烤，接近熟时，用特制的剪刀将肉类剪切成小块，佐以各种面酱，包上苏子叶或生菜，趁热吞下肚去。吃得差不多时，添上一碗大酱汤，再加一小碗米饭，就算是一顿饭了。

烤肉，最上等的是烤牛肉，不过特贵，只能偶尔挥霍和享受；一般情况下，是烤制猪的“五花肉”；再次一等，便是烤猪排；最低档次，就只好去烤普通的猪的瘦精肉了。除了烤肉，还有烤鱼（一般为海鱼）。烤制的原理略同于烤肉，唯是不及烤肉来得普遍与有名。

第二，烹煮。一个大火锅，将肉类以及豆芽、金针菇、蘑菇、青菜、土豆等蔬菜搁放在一起烹煮。煮熟了，将这些物什用筷子捞出来，也是沾上甜（辣）酱，再裹上苏子叶、生菜一起吞入嘴里，咽进肚中。这种吃法，有如我们中国的火锅。稍有不同的是，我们的火锅，是先等“锅底”（也就是汤水）烧开沸腾了，再放食物进去“涮”；而韩国的烹煮，一开始便带汤连物一道开煮。锅中水分快干了，再添进一些汤水继续煮。

烹煮的对象，也像烧烤一样，分三六九等。最昂贵的是牛肉，次为猪排、鸡肉等，最下乘的，是“拉面锅”——一个大盆锅里，方便面、红肠、豆腐、西葫芦等放在一起，外加西红柿酱，慢慢炖煮。虽说滋味很一般，但点用了它，既解决了主食问题，又有了菜肴佐餐，经济实惠，往往为在读大学生们的食谱选择之一，故亦颇受欢迎。

在韩国，各式各样的煮品我大多品尝过，最欣赏的，是一种土豆炖煮猪排（韩国人称之为“土豆汤”），热腾腾的大锅里杂放着猪排（事先已煮熟了的，此时炖煮无非是加热而已）、土豆、酸菜叶、粉丝、金针菇等物，既口感颇佳，又营养丰富，价格也适中，所以一经品尝，就喜欢上了。后来，我凡有“饭事”，总把它列为首选。

第三，搅拌。国内有石锅伴饭，寻根溯源，它的发源地应该是在韩国，其中最正宗的，当为“全州拌饭”，是韩国“美食”的重要代表之一。

在韩国大小城市的餐饮业里，经营伴饭的餐馆占有相当大的比重。拌饭也根据不同价格而区分为许多档次，以满足顾客的不同需求。比较普通的，是单纯拌饭：一只铝碗里，放入一只半生不熟的鸡蛋，一些豆芽、少许紫菜，加上一点米饭，搅拌一下，用匙子连菜带饭吃将下去。如果想稍稍奢侈一点，就再添一份酱汤，一顿饭，也就这么打发了。高级一点的，才是石锅拌饭，有一二份小炒菜，通常是菜梗炒牛肉片、目鱼洋葱等，先将石锅里的饭掏出来，将就着菜肴一起下肚，同时将水放入石锅，与锅中残留的锅巴中和调匀，成一碗香气四溢的锅巴汤，最后食用。

首尔的街道上甚多拌饭餐馆，许多都打“全州拌饭”的旗号，

韩国前总统朴正熙生前最爱光顾的一家餐馆

但听说味道并不正宗。我未曾到过“湖南地区”的全州，所以说不出正宗与非正宗的区别，也只好将就着把自己品尝过的拌饭看成是“正宗”的拌饭了。

第四，拼盘。这类似于中国的快餐盒饭，只是显得比较精致一些。拼盘品种非常多，主要分为两大类，一是米饭与菜肴搭配成盘，一是面食与菜肴拼凑成分。前者又分煮饭、炒饭、紫菜包饭、米线，搭配上海鲜、肉类、豆腐等不同主菜，外加少许的蔬菜（往往是未加工变熟的生菜）。后者有面条、面片、饺子，与肉类、海鲜等相拼凑，也形成一个系列。

这类拼盘的主食与菜肴，都是事先置办妥当存放在饭店的食品柜里的，现卖现拼，滋味当然比较平常，讲究美食之道的人是不屑于光顾这类餐馆的。然而，它能遍地存在，说明它也有独特的优势。这包括价格相对低廉（富人少穷人多，这是全世界的共同现象，韩国也不例外）；用餐时间节约，随到随吃；有图案可作参考，可以按图索骥。这一点对那些初来乍到的外国人特别重要：在语言不通的情况下就餐，根据拼盘图案的提示点餐充饥，相对比较方便。

如我本人在韩国需要一个人在街头用餐时，就愿意去吃这种拼盘，因为成色、价格一目了然，你只需要向服务员指点其中一款即可，不必开口说话，而如果吃烧烤之类，则麻烦大了去了，语言沟通就是一大困难。我不会讲韩文，对方不会说汉语，用英语沟通吧，我说的蹩脚英语对方听不明白，而对方讲的韩式英语我听来又是一头雾水，与其这么辛苦和别扭，还不如干脆去吃拼盘，也省却许多烦恼。

第五，汤饭。汤饭也是韩国饮食中的一大品种、一大特色。

在中国，曾上演过一出韩剧，名为《妈妈的酱汤馆》。可见，吃汤饭，不仅仅是一种进食的方式，而且已经上升到了文化的层次。

在汤饭类中，最普通的一种是大酱汤就紫菜包饭。一大张紫菜，将米饭与胡萝卜丝、火腿丁、黄瓜片等佐料团团包扎起来，捆扎成长度约为10厘米的圆柱形（大约为一个人一顿的分量），然后再切割成几小段，装盘，佐之以一碗大酱汤，几小碟泡菜，就成了最大众化的紫菜包饭大酱汤食谱。韩国城市的街道上，30米，至多是百米之内，必有专门经营紫菜包饭的餐馆。这表明，它的确非常受普通韩国民众的喜爱和欢迎。

除紫菜包饭外，比较常见的汤饭还有牛肉汤饭、海鲜汤饭等。韩国国防研究院安保研究中心研究员、上校李博士，第一次见我后为表达他的友好与欢迎，要尽地主之谊，遂邀我一起进餐，客随主便，我当然欣然应允。于是两人一起步入高丽大学国际馆的教授餐厅。出于礼貌，他征询我是吃牛肉，还是海鲜。我选择了牛肉，结果端上来的是一份汤，外加一小碗米饭和几碟泡菜。原来，餐厅经营的“牛肉”餐，乃是牛肉汤而已，偌大的一碗汤里，只是碗底下有数片牛肉，先把牛肉捞出来吃了，再将米饭放入汤中，夹汤夹露吃下，一顿饭也就算结束了。

这样的汤饭，我在韩国期间曾光顾过数回，价格不菲，可实质内容太单薄，有些“盛名之下，其实难副”的感觉。不过，仔细一想，韩国人爱吃汤饭也是有道理的：牛肉、海鲜，都是韩国人饮食上的最爱，可牛肉价格太昂贵，牛肉汤饭，既让他们过了牛肉瘾，不影响他们下饭填饱肚子；又不至于像单纯吃牛肉那样荷包“大出血”，于是就成了他们饮食中的重要保留节目了。

当然，汤饭中最著名的应该首推为“百济参鸡汤”。将鸡（可全只，亦可半只，并且鸡肉的价格在韩国肉类中最便宜）与有名的高丽红参以及许多我叫不出名字的韩药材料放在一起，熬炖成汤。先吃鸡肉，再用鸡汤下饭，这算是韩国饮食文化中的又一个品牌。

在首尔，经营参鸡汤的餐馆也遍地皆是，据说以闹市区明洞以及青瓦台附近的“参鸡汤”最为驰名。我本人自幼就与鸡肉绝缘，所以没有口福品尝这道“美味”，但听说，参鸡汤大补，阳火虚旺的人最好少吃，否则会虚火上升，牙龈疼痛、口角长包之类的症状很可能因食用参鸡汤而带出。为满足一时的口嗜而造成不必要的身体负担，这就有一些得不偿失了。

第六，炒饭与面类。除了上述几大类饮食之外，炒饭、面类也是韩国饮食文化中的组成部分。炒饭，是指将米饭放入固定在餐桌上的铁锅里，加上肉丁、卷心菜、鱿鱼丝，再放入番茄酱等，现时煎炒（它其实可以看成是“烧烤”大类的衍生）。当然，价格相当便宜，比较适合于那些荷包不怎么丰实的人享用。

面类，主要是各类冷面，蔬菜、肉类与面条加水一拌搅，也可以马马虎虎打发掉一顿。我观察到，韩国人爱吃大米远远胜于爱吃面条。所以，尽管“朝鲜冷面”在中国比较有名气，可是在韩国当地，却没有太多的食客光顾享用，只能算是韩国饮食中一个边缘化的品种。

第七，小吃。小吃同样是韩国饮食文化的一部分。主要的品种有辣炒年糕、韩式灌肠、鱼丸、炸什锦、饺子、甜饼、鱼肉串、鲫鱼饼、包子、紫菜卷、甜甜抽等等。长年传统的积淀，这些小吃渐渐形成相对闻名的地域品牌，以首尔为例，就有新堂洞辣炒年糕、奖忠洞煮猪脚、新林洞韩式灌肠、明洞水饺等。

这些街头小吃，一般比较便宜（明洞饺子应该是个例外）。随到随吃，号称实惠方便。不过，我“亲身变革梨子”后的感受，则是觉得其滋味亦不过尔尔，似乎无法与敝乡绍兴的小笼包子、鲜肉馄饨相匹敌，更遑论去和四川成都、河南开封的小吃较劲PK了。当然，韩国人自己还是非常钟爱这些小吃的，只要看看每天中午时分明洞饺子铺前就食的人群排长队等候的盛况，就可以明白这类小吃受韩国民众欢迎的程度有多高。由此可见，“亚圣”孟子所说的天下人“口有同嗜”云云，是经不起现实的检验的。

尽管，韩国的饮食可以如上所述，林林总总区分为多个大类，但是，在我看来，其饮食文化的根本属性，还是一个词：“单调”。这单调的最主要标志，就是制作韩国的饮食，没有太多的厨艺要求，用句时髦的话，就是技术含量偏低。

在韩国，饭馆食肆的主要工作，只是需要配菜而已，然后端到客人面前，由客人自己动手去烧烤或炖煮。在这种情况下，何来烹调技艺发挥的空间？所以，就韩国餐馆的厨师而言，连做西湖醋鱼、东坡肉、叫花子鸡、龙井虾仁这样的手艺都不曾具备（我是浙江人，总喜欢拿杭帮菜说事），更不必说能掌握做龙虎斗、满汉全席那般出神入化的“独们暗器”了。

大家都是在凑合着：饭店那边，是凑合着提供食物；食客这厢，是凑合着填饱肚子。正由于厨艺的准入门槛很低，所以人人都可以有勇气开张饭馆，吆喝买卖。于是乎，大小街道上饭店菜馆星罗棋布、鳞次栉比也就毫不奇怪了。而在这饭店菜馆星罗棋布、鳞次栉比的繁荣景象的背后，所透射的恰恰是韩国饮食文化迄今为止，依旧在比较低的层次上徘徊的事实。用老子的话讲，即是“多则惑，少则明”了！

名实不尽相副：韩国的饮食文化（续一）

聚餐吃饭，是人际关系和谐亲近的最好润滑剂。大家在餐桌前这么一坐，酒饮微醺，烟燃半支，饭罄一碗，彼此的距离便悄悄拉近，双方的感情就慢慢融洽，这也是不争的事实。所以，像我们中国人一样，韩国人也把请客吃饭当作是人际交往中一件重中之重的事情。

在韩国，老朋友重逢，寒暄几句，接下来便是上饭馆开吃；新朋友相识，客套一番，紧随着也是进食肆动嘴；公司下班，老师完课，三俩友好、四伍同事结伴下馆子会食；会议闭幕，出差销假，男男女女、老老少少鱼贯入餐厅聚饮。唯有如此，一个人才不至于游离人情圈之外；只有这般，一个人方能够是广布人脉根基。

据高丽大学的教授朋友说，韩国的家庭主妇并不对自己夫君下班后在外吃饭应酬有所抱怨，反而是对自己夫君下班即打道回府，十天半月没有一个饭局的现象忧心忡忡。因为前者意味着夫君拥有自己的圈子，人脉深厚，前程远大；而后者则透露出夫君不见人待，茕茕孑立，形影相吊，进步的空间有限。所以，每到夜晚十时之后，韩国地铁上经常可以见到的景象是：满脸通红、酒气熏天、步履蹒跚、口齿不清的男子前来搭乘，这些人都是刚从饭馆这道“火线”上撤退下来，此刻正倦鸟还巢，昏昏沉沉回家去作休整的。

正是这样的社会风尚，使得韩国全国上下、大都小邑的餐饮业大红大火，长盛不衰，并形成了韩国特有的饮食文化。

不过，在繁华热闹的表象背后，韩国的饮食文化还呈示出其质朴简陋的特点。所谓质朴，说得更具体更直白一点，就是饭馆餐厅

韩国首尔郊外的小餐馆——在这样的地方进餐是种享受

十分平民化，称得上是因陋就简，洗尽铅华。

在韩国街头，饭馆林立，食肆遍地，可大多为几十平方米空间的小馆子，厅堂里也就几张或十几张餐桌，一般只能容纳几十人同时就餐。几十张餐桌规模的饭店不能说绝对没有，但至少也是十分稀罕。至于中国国内餐馆里那种包间设施，在韩国饭馆里大多是不存在的，大家都在一个厅堂里用餐，彼此各吃各的，互不相扰。

整个饭馆里里外外也就寥寥几个人打理，一切都是那么的简陋、普通，没有一点气魄。

总之，从规模和设施比较，韩国的饭馆明显差了我们国家的饭店一大截。这在那些存有“天朝心态”的国人眼里，这或许就是泱泱大国与蕞尔小邦的区别所在吧。是啊，没有包间，私密性怎么得到保证？“黄段子”又如何开讲？这岂不大煞风景！没有专门为包间服务的服务员，档次如何体现？与大堂的一般就餐又怎么区分？这难道不是莫大的缺憾？

其实，我们泱泱中华的惯性思维，是求大求全，即使饭馆规模上也是讲究气派，追求场面；人家半岛韩国的习惯想法，是因地制宜，即使在饮食格局上也注重实用合理。“道不同不相为谋。”大有大的风光，小也有小的优势。因陋就简，船小好掉头，未尝不是好事。至于韩国的饭馆大多没有包间等配套设施，这也是符合韩国的实际的。韩国人的嗓门一般不像国人那样来得大，很少大声嚷嚷，所以在同一个厅堂里进餐，讲话聊天通常不会影响到其他人。这种情况下，包间自然是可有可无。

其次，韩国人吃饭内容简单。比较复杂的也就是烧烤了，吃饭就是吃饭，一顿饭能持续一个多小时，也就算是长时段了，要继续喝酒消遣，还有另外的去处（最通常的情况是，先在一家饭馆喝“真露”烧酒吃烤五花肉，然后再换一家就着水果喝啤酒，最后一道程序，是到酒吧饮洋酒与啤酒掺杂而成的“炸弹”酒）。既然不固定在某一家餐厅进食，而处于经常性的流动之中，哪又怎么会需要非有包间，像我们国人那样一吃就是几个小时不可呢！

其三，绝大多数到街头饭馆就餐的韩国人都是自己掏腰包（我参加过几次韩国的秦汉史学会月度会议，会后聚餐，是与会者每人出份子钱，可没有什么“课题费”之类来供“埋单”）。像一些国人动辄用公款大事吃喝的现象，在韩国人那里虽不能说是完全绝迹，但毕竟比较罕见。韩国饭馆餐厅的简陋，正好降低了服务的成本开销，这客观上也减轻了就餐者的负担。可见，从消费者的立场考虑，韩国的饭馆也只能是因陋就简，土法上马了，以保障更多的韩国人能满足口腹之欲。在这样背景下，饭馆里什么包间、什么卡拉ＯＫ之类可有可无的设施，就很难置办了。

其四，韩国的饭馆有几近一半是采用韩式传统布置，即用案几而不用桌子，顾客在垫子上席地而坐，那姿势肯定不如坐椅子来得舒服，尤其是对那些长有“将军肚”的身体肥胖者，似乎是一种考验（所幸是韩国人中身体臃肿肥胖的不是太多），时间一久，两腿麻木，所以只好草草收场，吃饱就走人。这样一来，就无形中加速了顾客用餐的周转率，提升了饭馆空间的利用度，而国人情有独钟的包间之类，在韩国的饭馆里实在是用不着了。

所以说，韩国饭馆的“寒酸”，韩国饮食文化的“简陋”，乃是事出有因的，是植根于其整个国家的基本国情的，无可厚非。

也许是韩国已基本跨入发达先进国家门槛的缘故吧，韩国服务业的成本高得惊人。这在其饮食业中一样有突出的体现。如果说，我们对韩国饮食文化中的因陋就简这一特征尚能够理解的活，那么，我们对其服务成本核算上的高水准则实在有点难以接受。毕竟，“一粥一饭，当思来之不易”（《朱柏庐治家格言》·），掏银子付账买单总是有些让人心情不爽的，尤其为物非所值的饭菜数钱结账更是如此。

在我看来，大多数韩国饭馆食铺的价格都偏高，甚至可以说是到了“物非所值”的地步。据我观察，同样质地的食物，自己采购和烹饪的成本，与饭馆里所定的价格之间，相差几乎高达十倍。韩国的物价本来就昂贵，“长安米珠薪桂，居大不易”，大家的日子过得已经比较拮据，可饭馆食铺在食物加工上再这么一搞“剪刀差”，就教人有些难以为继了。

我本人与同来高丽大学访学的中国学者同事，都曾遇上过这样的情况，让某些韩国的饭馆餐厅很夸张的价格“宰”得心惊肉跳、不胜嗟叹！一次我和高丽大学历史系两位学生一起在一家面馆就

在大邱八公山品尝韩国菜

餐，我点了一份冷面，价格4000元（约等于人民币32元）。面条送上后，我发现它不但缺乏“内容”，仅一些蔬菜，国内那“朝鲜冷面”通常都有的半个鸡蛋（在韩国一个鸡蛋也就卖100元韩币，小意思啦）、几片牛肉全都免了；而且分量也极其可怜，第一筷子下

去，捞出面条几根，第二筷子再下去，就捞不着面条，只剩有汤水了。这样的东西，自己动手做，300元韩币也不用，卖到4000元，的确太夸张，实在很离谱！

我将自己的这番经历说给来自中国政法大学的同事高教授听，谁知他听完后居然毫无诧异的反应，反而接过我的话茬讲了他自己更为匪夷所思的遭遇：他的韩国朋友请他吃饭，适逢那一天这位韩国人身体欠安，胃口不佳，于是那位韩国人抱歉地临时向高教授提议：是否就吃容易消化的稀粥。客随主便，高教授自然表示赞同。他原以为自己这下子可以替韩国朋友省点钱，谁知道一碗白米稀粥竟然开价6000元韩币。一二百元成本的稀粥卖到6000元，这中间的差价究竟有多少倍？简直近乎荒诞了！结果，那一顿饭我们可怜的高教授根本不曾吃饱，与那位韩国朋友道别后，他赶紧风风火火返回高丽大学的宿舍，自己再煮方便面解决肚子问题。

韩国饭馆服务成本居高不下，利润开拓空间巨大充裕，因此，即便是打工的服务员，其收入也是比较可观的。据一位来自中国东三省的朝鲜族同胞相告，她每个月的收入，折算为人民币有一万多元，相当于她在国内工厂上岗工作一年的收入数额，所以尽管工作辛苦一些，她也乐意在首尔打工谋生。应该说，这种现象不是个别的，一些中国人通过各种途径在韩国国内“黑”掉，原因之一，就是他（她）们直观地捕捉到了韩国饮食文化中所蕴含的机遇。殊不知韩国饮食文化“物非所值”的特点，竟成了解决一些中国人生计问题的机会。这的确是李代桃僵、种瓜得豆式的歪打正着。出于对同胞谋生不易的同情心理，我对自己在韩国饭馆食肆里的“物非所值”遭遇也就释然了。大家都不容易，又何必斤斤计较于到底是“物有所值”？抑或是“物非所值”呢！

泡菜滋味：韩国的饮食文化（续二）

“文章是自己的好”。这一点，可谓放之四海而皆准，它上至国家民族的认同，下及饮食口嗜的推许，均有鲜明的体现。

虽然在我们这些异国他乡的人看来，韩国的饮食文化实在普通寻常，哪里比得上我们泱泱中华的“食不厌精，脍不厌细”？可是，在众多韩国人心目中，他们的饮食应该是世界上独一无二的美味佳肴了。即便是那些出过国门、品尝了世界各地精美饮食的韩国人，虽说也知道好滋味的东西多了去了，可依旧不乐意打消韩国饮食天下第一的念头，千方百计去证明这种似是而非的看法。

比如说，把韩国饮食说成是特有益于健康，颇丰富于营养的饮食方式。一位韩国大学教授告诉我：韩国饭菜有利减肥，有益健康。理由是，烧烤肉类，把肉类上的油脂先去掉了；而用苏子叶或生菜叶包着烤熟去油的肉片下肚，又把人的肠胃里多余的油脂刮带走了。所以，韩式烤肉合符饮食健康的原理，对防止肥胖，减少高血脂、高血压、高血糖等症状功莫大焉。进而推论，韩国人大多苗条纤瘦，很大程度上要归功于他们的健康饮食。

听着他这番云山雾嶂式的“宏论”，我真的无语了，只能报之以“同情”的微笑。是啊，“美不美，家乡水”，人家钟爱自己的国家，包括这个国家的一切，是很自然的事情，我又何必多嘴，去扫人家的“兴致”呢！

不过，在韩国的街头，瘦人多而胖子少，也是事实。这倒并不是因为韩国的饮食内容帮助他们减肥，而恐怕是韩国人的饮食方式有助于他们保持比较纤瘦匀称的体型。据我平时的观察，韩国人的食量普遍比较小，三口两口，就算是解决一顿饭了。男人们进食时，对“真露酒”（一种最普通最大众化的勾兑烧酒，酒精度数在18度上下，喝了很容易上头）的兴趣，远远胜过餐桌上的饭菜；女人们进食时，胃口也小得如麻雀似的。这一点，的确让我们中国人相形见绌。

我所在的中国人民大学某学院的团委书记小Y，曾随一个青年代表团访韩，她也发现了这一“秘密”，说是韩方招待他们在一家星级宾馆吃自助餐，每人5万元韩币的标准，中国青年胃口较大，吃完第一盘后（是很小尺寸也即很“袖珍”的盘子），还要再添加一两次；而陪同他们访问参观的韩国青年“亲善大使”，则都只吃浅浅的一盘，不再添加，搞得中国同学有些不自在，也仿效着尽量少吃，回到旅馆后再吃点饼干之类补充热量。

可见，饮食量偏小，是韩国人比较普遍的特点，也是其体型纤细、形象清新的原因之一。在这个问题上，国人倒可以向他们学习，既能够预防各类疾病的缠身，也可以为减少资源消耗尽点绵薄之力，于公于私，皆有益焉，又何乐而不为！

还是回归到文章的本题，简单说说韩国的泡菜。

韩国人吃饭就餐，无论是在家里凑合，还是上饭馆享受，菜肴中必不缺席的，就是泡菜。从这个意义上讲，泡菜是韩国饮食文化的基础，称得上是韩国的“国菜”。

作为最具韩国代表性的传统料理之一，泡菜属于典型的发酵食品。它的起源，与韩国的生态环境不无渊源。在大棚温室蔬菜种植业起步之前，寒冷的冬天，人们吃不到新鲜蔬菜，不得已，只好将大白菜浸渍于盐水中储存，以保证冬季里人们佐餐下饭的需要。年复一年，就逐渐成为了今日的韩国泡菜。

制韩国“国菜”——泡菜的大水缸

这一点，倒与敝乡绍兴的“霉”类食品起源相似。敝乡前贤、伟大思想家鲁迅先生曾在文中指出：绍兴一定在历史上遭遇过大饥荒，人们吓怕了，所以后来往往“未雨绸缪”，提前把各种新鲜的东西腌制储存下来，于是便有了各类“霉”、“腌”食品，如霉干菜、霉千张、霉毛豆、霉豆腐、霉苋菜杆，等等等等，数不胜数。以至于使绍兴一带的空气中，始终弥漫着一股“其臭如兰”的浑浊味道，成为外地人见识绍兴的第一个印象。韩国的泡菜，其气味倒不像绍兴的臭豆腐那般夸张，但其发生的原理，恐怕也不出这样的窠臼。

韩国的泡菜，按性质区分，可以分为“正宗泡菜”与“衍生泡菜”两大类。正宗的泡菜，也可以称为“狭义”的泡菜，它的主原料是盐渍大白菜。每逢晚秋初冬季节，韩国的家庭和大大小小的食铺饭馆，都储存大白菜，晾干后再盐渍一段时间，然后将它和辣椒粉、大蒜、生姜、大葱、萝卜等各种配料均匀搅拌，放置入一口口大瓦缸里一起发酵。再过上一段时间，这大白菜也就成为了略带辛辣之味、口感独特、驰名世界的韩国传统泡菜了。

除大白菜为主原料的泡菜之外，其他的泡菜都属于“衍生泡菜”的范围，可以视为“广义”的泡菜。它们的主原料通常为各种青菜、萝卜、韭菜、香葱、黄瓜等。此外，也有用鱿鱼等海鲜做主料的，这同样可归入“广义”泡菜一类。由于这些“广义”泡菜的加盟，使得韩国的泡菜花样百出，蔚为大观，形成了独特的韩国泡菜文化现象。

由于地域有别、风味各异、制作方法也有不同，所以韩国的泡菜种类也非常多样。据介绍，其种类已经多达一百多种。即便如此，韩国人也没有就此止步，而是秉执“与时俱进”的理念，在小小泡菜上大做文章，不断开发新的泡菜系列，近几年还苦心孤诣推出了以泡菜为原料的汉堡包、三明治、比萨饼等韩西合璧的快餐料理。这一方面固然反映了韩国人在饮食文化发展上的匪夷所思的想象力，但另一方面也多少体现了泡菜在韩国人生活中的独特地位与意义。

泡菜在韩国人日常生活中的地位和重要性的确无可置疑。在韩国人看来，泡菜对于减肥、清肠、预防成人病（如高血压、高血脂、胆固醇等）具有特效（为了证明这一点，韩国营养部门还做过郑重其事的研究与论证）。更为重要的，是泡菜滋味称得上辣、咸、甜、酸“五味杂陈”，佐酒下饭，堪称首选。加之价格低廉、贫富皆宜，诚为餐桌上的佳品。对韩国人而言，泡菜是进餐时不可或缺的兼味珍馐，可谓是宁可食无鱼肉，不可餐无泡菜。这样为绝大多数民众所认可的泡菜，怎么不会是典型意义上的“国菜”呐！

韩国人钟爱自己传统的特征，在对待泡菜一事上也有鲜明的反映。他们积极向全世界展示自己的泡菜魅力，像著名的“青山泡菜”，就曾在韩国人的高明运作之下，被1996年亚特兰大奥运会、1998年法国世界杯足球赛组委会指定为特供食品。事后，韩国人自己声称：其泡菜的鲜美口味受到了全世界的肯定（究竟实际情况如何，有待考证）。为了打泡菜这个形象牌，在韩国还出现了多个泡菜专题博物馆，展示泡菜的历史和有关文物，介绍泡菜的种类，显示泡菜的制作过程，陈列证明泡菜功效的相关资料，并为参观者提供亲身参加学做泡菜的泡菜制作体验场。其中比较著名的，就有“韩国Pulmuone泡菜博物馆”、“韩京泡菜博物馆”、“Sunfre泡菜世界”等。它们已成为外国人在韩国游览的重要去处，也吸引了不少韩国本国人前往参观。

除此之外，一些著名的泡菜制作工厂与个人，也面向社会开设介绍泡菜制作的讲座，如“斗山食品宗家府泡菜厂”、“姜顺义泡菜学校”等等，就是这方面的突出例子。

的确，与泡菜为伍，借泡菜说事，早已是韩国民众生活中的一部分。中国有句老话，叫做“嚼得菜根，百事可为”。套用到韩国人身上，就是“吃着泡菜，万事皆休”。面对碗碟杂陈，琳琅满目，色泽鲜艳，气味芬郁的各式泡菜，韩国民众悠然自得、潇洒自在的民族文化心理，得到了最大的张扬。在他们的眼里，滋润的生活，就在品食泡菜的过程中悄然降临。

这份从容，这份惬意，我曾多次在韩国的街头遇见：三两位韩国长者，围坐在街头人行道的小摊桌子前，斟上一小杯“真露”烧酒，摆置上两三小碟子泡菜，再点燃一支烟卷，自得其乐细饮慢嚼，打发时间，享受自在，不理会街道上的车水马龙，不在意身周边的往来人群，整个儿进入烧酒的世界，全身心亲近泡菜的滋味，让我们看着，也平添出一种莫名的羡慕。

这是一种享受，也是一种生活，更是一种境界。

韩定食：韩国的饮食文化（续三）

一部《大长今》风靡于中国的电视荧屏，使得不少国人平添了几分对韩国传统饮食文化的兴趣和遐想。且不论韩国的传统饮食是否真的是名副其实的天下至味，至少韩国人已经借助了现代电视传媒的巨大力量，在全世界的范围内打响了韩国饮食文化的亮丽品牌。“羚羊挂角，无迹可求”，“以天下之至柔，驰骋天下之至坚”，这就是比枪炮刀剑更厉害更可怕的文化软实力！

在诸多的韩国饮食种类中，最能够体现其传统饮食文化之鲜明特色的，毫无疑义，当首推所谓的“韩定食”。

“韩定食”，用通俗的话说，也就是典型的“韩式套餐”。据说，它直接传承于韩国的“朝鲜李氏王朝时代”的宫廷料理，具有浓厚的韩国传统风味特征。一般的“韩定食”，往往是冷碟热盘搭配而成，琳琅满目，摆满整个桌面，颜色红、黄、蓝、绿、白、黑异彩纷呈，赏心悦目；味道咸、辣、酸、甜、麻、涩多味杂陈，令人垂涎；烹调蒸、烤、焯、拌方法各有千秋，花样繁多。对众多食客而言，“韩定食”似乎主要的功能不在于用嘴巴咀嚼，而在于用眼睛欣赏。如果以“过屠门而大嚼”的心态去光顾“韩定食”，那么，我得告诉你，这或许会有“暴殄天物”的愧疚感，而且还多少会滋生出一种淡淡的失落与失望。

冷碟在“韩定食”菜谱系列中占有相当重要的位置，至少，它与热菜是各擅胜场，平分秋色。而不像在中国的饭桌酒席上，冷盘仅仅是热菜的附庸、点缀而已。即便是最简单的韩定食，以泡菜为核心的小菜冷盘也不会少于十余样。这些冷盘，有荤有素，主要不外乎泡菜、山野菜、萝卜、卤豆腐、韭菜、毛豆、芹菜、胡萝卜丝、藕片、鱿鱼丝、小鱼干、金针菇、醉蟹块、猪肉条、牛肉丝、紫菜、拌黄瓜等等。当然，“韩定食”也在推陈出新、与时俱进，“苟日新，日日新，又日新”，这在小菜冷盘的品种上一样有所反映。譬如说，为了照顾和满足今天人们的口味，它增加了土豆色拉、水果色拉等“李氏朝鲜王朝时代”肯定不可能出现的品类。由此可见，即便是最传统的事物，也无法原汁原味地保存它的本来面目，而一定会有所调整，有所充实，以追随上时代的脚步。优秀的传统应该是一个开放进取的体系，而绝对不是封闭僵化的东西。“色拉”之事虽小，但却可以喻大。

“韩定食”小菜冷碟虽多，但是每一种的分量却都很少，往往是精致的小碟子里装上浅浅的一小撮而已。这似乎是在提醒各位食客注意：对待美味佳肴的最好态度，就是蜻蜓点水、浅尝辄止，而不是暴饮暴食、贪多图饱。前者是点到为止，恰到好处，留下回味、想象乃至期待的空间，后者则是败兴倒胃、麻木迟钝，产生厌倦、无趣乃至排斥的心理。兵法有云：欲擒故纵、先抑后扬，“以利动之，以卒待之”。“韩定食”的小菜冷碟，颇为暗合兵法这些原理，借用《地道战》中汤司令的台词，就是“高，实在是高”！“水满则溢，月盈则亏”，“甚爱必大费，多藏必厚亡”，饮食文化如此，做其他事也别无两样。

相对于小菜冷碟的丰盛铺排，“韩定食”的热盘主菜则要简约单纯得多，在我们这些饕餮之徒的眼里，甚至可以说是有些单调贫乏。承蒙多位韩国朋友的美意，我在访学韩国的一年里，曾品尝过多次“韩定食”，发现它的热盘，一般也就是很单纯的几样：河粉蔬菜炒牛肉、海米葱花鸡蛋羹、大葱肉丝煮粉条（颇类似于国内餐馆里常见的家常菜“蚂蚁上树”）、干烤小黄鱼（每人小小的一条），等等。品种既单调，质材也很普通，比起国内酒席上动辄八

水原韩国民俗村景色

碗十盘的丰盛场面，显得寒酸多了。当然，“韩定食”的热盘也有它自己的长处。最突出的一点，是它比较清淡，很少油腻，食用之后，对人体的肠胃不大容易构成过重的负担，有益于人们避免得患高血压、高血脂、高胆固醇、高血糖之类的“富贵病”，对于维系

人们的身体健康不无裨益。人世间千事万事，均是“杂于利害”，有一利者必有一弊，反之亦然，决无纯粹有利或纯粹是害之物。“是以圣人常善救人，故无弃人；常善救物，故无弃物”。利中有弊，弊中有利，一切都是相对的。“韩定食”热盘的优劣，也应该作如是观。

“韩定食”没有一个完全统一的标准。在韩国，每家餐厅“韩定食”的食谱并不相同，价格也不一样。有的甚为丰盛，有的相对简陋，有的价格昂贵，有的收银低廉，以满足不同层次食客的消费需求。然而，个性之外有共性，只要是打“韩定食”的旗号的，几乎都有用小麦煎饼包肉类、蔬菜等八种菜肴食用的“九折饭”，以及加肉类、鱼类、蔬菜、蘑菇炖制的火锅“神仙炉”。另外，韩国的“国汤”——大酱汤，也一定会出现在“韩定食”的餐桌之上。的确，如果缺少了这些核心成分的东西，那么，“韩定食”便不能称之为“韩定食”了。这也从一个侧面揭示了一个真理：任何一种事物的特色得以存在，一定是以坚持自己的“主体性”为基本前提的。

“韩定食”作为韩国传统饮食文化的象征，也反映在它的用餐环境与氛围之中。凡是经营“韩定食”的餐厅，无一例外，都摆设着精致玲珑的韩国传统家具，到那里就餐，第一感觉就是有如进入高宅贵室，不免滋生心旷神怡、宾至如归的情怀。而进餐的方式，也完全是“韩国式”的：面对整洁净亮的餐桌（称为餐几似乎更合适），席地而坐，细细品尝。

当然，正宗的“韩定食”，一般都不在街上的餐厅里，而是在小巷深处的一些私宅中。深深的宅院里，辟出三两间房间，接待慕名而来的“韩定食”食客（就餐需要提前预约）。房屋主人展其所能，烹调出几味“韩定食”的美味，让来客大快朵颐，尽兴而归——这才是品尝正宗“韩定食”的真正选择和理想境界。就像真的懂得美食之道的国人，他们所最欣赏的，恐怕多不是“东来顺”、“楼外楼”、“黎昌海鲜”、“潮好味”这些地方的盛宴，而是那些深宅大院预约定做的“私房菜”。品尝真正“韩定食”的道理也是一样的。老子说：“大方无隅，大器晚成，大音希声，大象无形”，“大成若缺，大盈若冲，大直若屈，大巧若拙”。最优秀的东西往往是深藏不露、守雌抱拙的，它所达到的正是那种所谓的“塞其兑，闭其门，挫其锐，解其纷，和其光，同其尘”的“玄同”境界！可是在现实生活中，人们却总是容易为表面的热闹和光鲜所眩惑所迷醉，误以为它们就是追求的目标，生活的意义，而没有搞明白，弄清楚：其实自己平常所接触的，大多数情况下仅仅是事物的皮毛而已！恰如老子所言，人们的最大悲剧就在于“为学日益，为道日损”！

在韩国，用“韩定食”招待客人，乃是一种比较高的礼遇规格。普通朋友请客，通常不过是吃烤肉、食拌饭，只有是到接待比较重要的客人或朋友，非郑重其事不足以表达自己的殷切情意之时，才会邀请进食“韩定食”。据韩国朋友介绍，一般情况下，如果对方用“韩定食”来招待你，那么，就表明他把你看得比较重，所想传达的，是他对你友好亲切、尊重关爱的信息。而你应邀赴约，与他在餐几上推杯换盏，促膝谈心，也说明你们之间的关系已开始超越一般的应酬，有希望进入知心朋友的层次，可以不分彼此、推心置腹了！

城市风景

汉江上的“桥”

汉城早已经易名为“首尔”了（据说，这还是在李明博先生担任汉城市市长期间一手推动完成的，而这位李先生，眼下正荣膺大韩民国总统的大任），但汉江却依旧被称作为“汉江”，尚没有跟风炒作，改成“韩江”或“首尔江”之类。看来大韩民国朝野上下强化其民族的“主体意识”，将历史上的“汉化”痕迹悄然抹去，“作狮子吼，天上地下，唯我独尊”，仍然是一桩“任重而道远”的工作喔！

到韩国访学整整一年，或搭乘地铁，或搭乘巴士、的士、私家车，经过那条蜿蜒平稳、流贯首尔市区的“汉江”，也实在记不清究竟有多少回了。此外，还曾因陪同家人到汝矣岛观光，而近距离接触了这条河流，所差的，就是少一趟乘坐游轮、夜泛汉江的经历了。也许是“太阳底下无新鲜事”的思维方式无形中作怪的缘故，我平时并不曾让这条寻常的江河触动过几近麻木的心弦。然而，没有感触并不等于视而不见，无动于衷，寻常平凡也往往教人们的观察变得单纯客观。所以，汉江还是有值得一提的地方，它是城市首尔的生命之河，更是大韩民国的精神之母。

汉江全长514公里，其长度在韩国河流中仅次于洛东江（525公里），而超过锦江（401公里）等河流。虽说它的长度只是中国黄河、长江、珠江、淮河、松花江的一个零头，可是考虑到韩国目前整个国土面积不到10万平方公里，也就是一个浙江省大小的实情，那么，汉江之于广大韩国民众而言，也完全配得上称为母亲河了，就像伏尔加河之于俄罗斯、伏尔塔瓦河之于捷克一样，只是没有《伏尔加河船夫曲》、《伏尔塔瓦河》（斯美塔那《我的祖国》交响组曲之一）这样的名曲为之讴歌，只有名为《汉江怪兽》电影为其广而告之，这多少给人以缺少厚重文化底蕴的联想。

与韩国绝大多数河流一样，汉江也呈示大陆性河流的特征：河面比较宽阔，流速相当缓慢，波澜不起而雍容沉静，就像韩国人的性格，坚忍质朴，内敛沉着。

多次途经汉江给自己留下的最深刻印象，倒不是其江面的宽广，江水的清澈，而是汉江上桥梁的为数众多，汉江南北两岸建筑物的简朴平常。

汉江上的桥梁，虽然谈不上是鳞次栉比，但是的确称得上是数不胜数。无论你从哪座桥过江，放眼向左右两边望去，进入你视野的，就是不远处都有一座甚至几座同样横跨汉江的大桥，乃至目力不及的汉江尽头。两桥之间的距离，近则二三百米，远则也不过五六百米。根据多次实地观察的结果，加上在首尔市区交通地图手册上按图索骥的佐证，我可以大胆地推断：仅仅在流经首尔市区的汉江一段上，至少有二十座以上的汉江大桥。它们有的是通行汽车和行人的公路桥，有的是通行地铁或火车的铁路桥，合在一起，便构成了汉江江面上蔚为壮观的大桥图景。其中较为著名的大桥，由西向东列数，就有：城山大桥、杨花大桥、堂山铁桥、西江大桥、麻浦大桥、元晓大柿、汉江铁桥、汉江大桥、铜雀大桥、盘浦大桥、汉南大桥、东湖大桥、圣水大桥、永东大桥、清潭大桥、蚕室大桥、蚕室铁桥、奥林匹克大桥、千户大桥等等。

这些桥梁，也如同韩国其他事物一样，显得朴实无华而又方便实用。它们的形态非常普通，既没有上海南浦悬索大桥那样的夸张招摇、装腔作势，更不像江西南昌八一大桥雕塑白猫黑猫那样的画蛇添足。它们只有一个功能，就是让为汉江所阻隔的首尔南北两地重新连接在一起，最大限度地便于各种车辆跨越汉江。其实，这也不是首尔特有的现象，法国巴黎城内横跨塞纳河、英

在汉江边上

国伦敦市区飞越泰晤士河的绝大多数桥梁，其性质也是基于实用与便捷的。

事实上，汉江上这些桥梁也确实像现代城市的大动脉一样，

起到了疏通首尔这座千万人口大城市交通的作用。在韩国，几乎每户家庭都有一辆或更多的汽车。一个首尔，私家车当有数百万辆之多，加上公交巴士、出租车、企业团体自备车辆，首尔市区路面上跑动的车辆，一定是历经战火创伤而重建的城市交通“所不能承受之重”。然而，我惊奇地发现，首尔虽然也偶有堵车的现象（在大部分国家，“首都”一般都意味着“首堵”），但却并不严重，比中国国内城市情况似乎要好得多了。这在很大程度上不能不归功于汉江上这些貌不惊人，却又颇敷实用的桥梁了。

与汉江上桥梁的简朴实用相呼应的，是汉江两岸建筑物的普通平凡，甚至于可以说是粗糙简陋。在漫长的汉江江畔，除了偶尔看到一两座气势恢宏、形象壮观的高大建筑物（如位于汝矣岛，号称韩国第一高楼的“63”大厦）之外，映入人们视线的绝大多数建筑，乃是七八层或十几层高的普通住宅楼群，或仅仅几层高的寻常商屋。色泽暗淡，毫不起眼。这或许会让那些整天拿着“崛起”一词忽悠，陶醉于浦东“东方明珠”式辉煌的国人萌生大大的不屑：韩国太土鳖，首尔城市建设不过尔尔！进而沾沾自喜，顾盼自雄，天朝优越心态就如同气球似的，越吹越大。

其实，这恰恰是“雾里看花，终隔一层”，是不了解韩国这个国家、朝鲜这个民族的思维误区。韩国人固然自尊（这从他们动辄吹嘘多个发明是“世界第一”，舍得下血本拍摄《朱蒙》、《渊盖苏文》、《大祚荣》等“历史巨片”中可以窥知一斑），可是，他们更重视日常生活的求实平易，决不会为了面子上的光鲜，而去损害里子层面的实惠，绝对不做慕虚名而失实利的傻事蠢事。对绝大多数普通首尔民众而言，像汝矣岛上“63”大厦这样的展示国家形象的“名片”，有那么一两张也就足够了。所谓“点到为止”、

“见好就收”，生活中更需要的是饮食起居的实在与方便。与其不惜工本在汉江江畔摆谱作秀，不如盖住宅楼、开小商铺来得可靠，“如魚饮水，冷暖自知”，又何必为了观瞻有仪而去充当冤大头“埋单”！由此可见，汉江江畔普通住宅楼的兴建，购物方便商屋的开张，其实都是韩国人注重里子而不刻意讲求面子之文化精神的具体写照罢了。

从更深的层次考察，流经首尔市区的汉江江面上屹立的几十座大桥，汉江江畔偎依的无数幢楼群，说到底，是韩国城市建设与治理理念中“以人为本”基本原则的具体体现：以方便民众为优先，以拒绝浮华为准则。老子说：“信言不美，美言不信。”又说：“被褐怀玉。”可见，“以人为本”绝不是空洞无物的口号，而应该落实到实际生活的方方面面。流经首尔的汉江上的大桥就像沉默的证人，用它们自己的风姿诠释着何谓真正的“以人为本”，何谓“心动不如行动”！

首尔的地铁

从某种意义上说，地铁是一个城市的名片，是衡量一个城市现代文明程度的标尺。

天津的地铁，我还是在上个世纪90年代乘坐过一次，似乎就是一条线，在天津西站等候了差不多20分钟，才驶来一趟。这事实本身，就表明当时的天津还相当落后，要打造中国的金融中心之一，路还远着呐。

上世纪80年代初，北京的地铁，只有横贯东西的一条一号线，后来又增加了一条环绕二环线运行的二号线。好久日子过去，这一格局都没变，直到跨入新世纪，才增加了一条13号轻轨线。如今，为了迎2008的“奥运”，又在兴修多条新的地铁线，情况可能会有较大的改善。否则，路面上大小车辆堵个水泄不通，“首都”扎扎实实成了“首堵”，岂不大煞风景（黄按：事实上，经过这几年的努力，北京的地铁又开通了4号线、10号线、5号线、机场快轨线等线路，情况大为改观，同时还有多条新的地铁线在紧张地建设中，让人们对未来的城市轨道运输充满乐观的期待）。另外，北京的地铁还有一个鲜明的特点，就是换乘特别不方便，总是让乘客必须走上一段非常漫长的路。空手还好，如果有大包小包，非得把你累趴下不可。可见其设计者毫无“乘客本位意识”。这倒是与北京的特点相符的：“官本位”文化氛围下的蔑视“蚁民”、“屁民”的做派。媒体曾披露：深圳有一位林姓官员，声称其职级等同于深圳的市长（太牛皮了）。身为“公仆”的他曾轻蔑地训斥他的“主人”——深圳的普通市民：你们这些人算个“屁”。说实在的，这种视广大老百姓为“屁民”的“公仆”，在当今官场上可不是个别的，否则，瓮安事件、石首事件的接踵而至，就无法正常解释了。如果由这类视“屁民”如草芥的家伙主持地铁工程，那么，“屁民”们想不被“折腾”岂非“缘木求鱼”、“与虎谋皮”！

上海的地铁，也乘坐过几回，它的最大特征，是拥挤喧闹。黑压压的人群，把整个车厢填塞得像沙丁鱼罐头似的，倘若不幸赶上上下班高峰段，那你在上面就只能“立正”，而无机会“稍息”了。不管你乐意与否，每回乘坐都让你免费享受“三温暖”。真是不见识上海的地铁，就不知道我们中国的人口之多竟到了何等的地步！

话扯远了，还是言归正传，来说道说道韩国首尔的地铁。

一个外国人到了首尔，如果不识得韩文，英文水平也不咋的，而又得外出观光、购物、访友、办事，那么离开了地铁这个交通工具，恐怕真的会一个头两个大，举步维艰。所以，要融入首尔（哪怕仅仅是短时间的），首先得融入它的地铁，让乘坐地铁成为自己在当地生活的第一个内容。

较之于眼下的中国国内各大城市的地铁，首尔的地铁网络真的称得上高度发达，用四通八达、快捷便利来形容，毫不为过。首尔的面积要比北京小得多了，但它目前的地铁主干线已有八条，加上中央线、盆唐线、一号、五号复线、二号支线、仁川一线、机场专线等，地铁线路覆盖整个首尔市区和京畿道、仁川市，乃至忠清南道等周边道、郡、市。景福宫、德寿宫、宣陵、昌庆宫、南山首尔塔、宗庙、曹溪寺、独立门、中央博物馆、战争纪念馆、南山韩屋村等大多数首尔著名的风景名胜处附近，都设有地铁的出口；“乐天”、“梨泰院”、“COEX”、“狎鸥亭罗德奥”等大型百货商场和剧院等繁华地带，也通常是以地铁站为中心一一形成的。

首尔的地铁给人留下最深刻的印象，就是快捷、方便、经济、人文。

快捷。首尔地铁各条线路，一般从凌晨5时半左右开始投入运

宽敞舒适的首尔地铁车厢

行，一直到午夜12时左右。周末、节假日或间有延迟。车速相当快捷，一般站与站之间的行车时间为2～3分钟，每次车的间隔为2～5分钟，中途转站所需的时间约为3～5分钟。所以，当你外出时，完

全可以根据换乘次数和相隔站数而预先估算行程时间，不必为担忧是否能准时到达而增加提前量，以至于无谓地浪费时间。可以说，对出行时间的宏观掌控，主动权完全操在行人自己手上。

方便。首尔各条地铁线路以不同为颜色加以区别，如一号线为深蓝色，二号线为绿色，三号线为橙色，四号线为蓝色，等等。地铁的站牌绝大多数分别以韩文、英文、中文三种文字标示。乘客完全可以根据地图、地铁站的线路标示图，按图索骥，正确无误地及时抵达目的地。地铁运行期间，车上广播用韩文、英文预告站名，凡遇换乘站，用音乐声提前提醒乘客注意，让大家作好换乘的准备。为了进一步方便乘客上下，各个车站又分别按序标示了专属的号码。如我所访学的高丽大学站，其专属号码为640，即6号线的第40站；而其前一站安岩站，则为639，即6号线的第39站。这样一来，即便是初到韩国的游客，外出时也不会感到任何不便。曾有人将在首尔乘坐地铁的要领概括为三句话："跟着颜色搭乘"、"听到音乐换线"、"记住号码下车"，说得一点不差。付诸实践，则可谓屡试不爽。

经济。首尔的地铁设施很先进，车站宽敞整洁，灯火辉煌；车厢舒适干净，设施完善，冬有暖气，夏有空调，四季和煦如春，然而价格相对低廉实惠。虽然首尔地铁近几年有所调价（与中国一样，调价就是涨价，而一般没有降价的好事），基本票价由过去500元涨升到900元（刷交通卡为800元），2007年4月初又上涨到1000元（2007年时1000元韩币折合人民币为8元左右，经历全球性的金融危机之后，韩币大大贬值，1000元韩币，也就折合人民币5～6元而已），但如果放在韩国整个物价体系中考察，这个价位还是相当经济低廉的。毕竟在首尔寻常小饭馆喝一碗稀粥也得5000～6000元韩币呢。另外，首尔地铁的票价实行按距离比例制度：12公里之内收取基本票价，12公里至42公里之间，每6公里加收100韩币，42公里以上，每12公里加收100韩币（2007年4月起也均有所升涨）。更经济的是，它还可以与搭乘地面公交车合并计算（称为“均等收费制度”），即不论地铁或巴士，在基本距离10公里以内，换乘5次以下，都只支付基本票价。使得人们可以更低廉的价格，利用地铁等公共交通前往目的地。

人文。更令人关注和敬佩的，是首尔地铁所呈示的文化景象。几乎每个地铁站都设有专供老年人和残疾人士使用的升降机，升降机门的开闭时间之长，让你开始时会误以为其开关控制系统出了故障，其实这是为了使年长者与残疾人有充裕的时间进出升降机。所以即使你行动不便，也无需为乘坐地铁而有所顾虑。每个地铁站都有多个出口处，少则四五个，多则十多个，并张挂着非常详尽的地面街道、商店、机构、学校位置的韩、英文示意图，为人们选择最便捷的途径提供帮助。这些细微处的安排，恰好反映了韩国市政管理者“以人为本”的理念，比起国内其些“公仆”惯唱高调的行径，真是优劣立判!

至于韩国民众在乘坐地铁时所体现的精神文化风貌，也同样可以成为国人的一面镜子。走进韩国首尔的地铁车厢，你能发现，绝大多数人乘车时都非常安静，静悄悄地坐在那里，或阅读书报，或闭目养神，丝毫不影响他人。假如你偶尔见到旁若无人，高谈阔论的场面，那我只能很遗憾的告诉你，这大多是遇上国内同胞了。

首尔地铁每个车厢里，都设有老弱病残孕专座，一般都在车厢的一端，三个或六个座位不等。设老弱病残孕专座的做法，在国内也早早推行了，可是年轻力壮的国人往往对它视而不见，照样占座没商量。韩国首尔地铁的情况却截然不同，即便是这些座位空在那里，站着的年轻人通常也不会去落座。或许在聪明的国人看来，这是韩国人大脑一根筋，至多当老人或残疾人士上车时再让座也就是了。可是，我却不这么看，正因为韩国人在这种小事上就开始“较真”，这才潜移默化培养起他们克己奉献、讲求社会公德的是非观与责任心。它所践行的，正是儒家所推崇和提倡的“慎独”精神。“礼失求诸野”，韩国年轻人身上所洋溢的正气和律己风貌，从一个侧面生动展示了韩国国家的强大“软实力”，诠释了韩国之所以崛起的深层次精神文化因素。很显然，这种表面上的“拘泥”与“笨拙”，较之于贪图小利的“机巧”、“灵活”，其境界之高低，实在不可以道理计。

地铁小世界，人生大舞台。首尔地铁中的一个个小细节，折射出韩国民众的整体素质，也呈现了韩国成功走向现代文明的历史轨迹！

所以，了解韩国，不妨选择从乘坐首尔的地铁为一个理想的切入点。

文明缩影：首尔的巴士

首尔毕竟是一座现代文明城市，公共交通的便捷畅达，就是一个颇具说服力的标志。

看一个国家、看一座城市是否真正进入现代化，是否臻于文明，不是看它拥有多少富丽堂皇的建筑，有什么地表性的标志。如果是这样，那么咱们中国早在明朝永乐皇帝治下，北京就该算是文明大都会了，因为它有当时世界上最豪华最气派的皇家宫殿紫禁城，其金碧辉煌，其巧夺天工，乃是普天之下无出其右者；并且，即使放在今天，也毫不逊色于当代众多建筑物，依旧是一只天字号的“聚宝盆”，让一些人靠山吃山，靠水吃水，赚了个碗溢钵满。可是，它实际的定位只能是专制皇权的体现者，天朝大国的活招牌而已！

换言之，衡量一座城市文明的根本标志，应该是看它是否能让绝大多数的居民充分享受到人类所创造的优秀文明成果，在衣食住行上获得最经济又最优质的服务，可以拥有最广阔的发展空间，可以拥有最合理的多元选择，让人们真正感受到作为其一员的光荣与骄傲，让人们由衷关心着所在城市的每一个细微变化。总而言之一句话，当城市的一切市政宗旨的实施，都立足于其居民们的意愿之时，当城市的任何进步都有益于其居民们的生活之时，那么，这座城市就是真正现代文明的城市，至于城市的街道宽狭如何，城市的建筑高低怎样，则是完全次要的因素。

说韩国首尔是一座“以人为本”、充满着现代气息、呈示出文明境界的城市，当是毫无疑义的。巴士公共交通的发达，就是其中的一个缩影。

衣食住行，“行”的重要性不言而喻。首尔是一个有1000多万人口（几乎占整个韩国人口总数的三分之一）的特大型城市，人们外出，除了驾私家车，搭乘地铁以及出租车之外，离不开乘坐公交巴士，公交巴士成了疏导出行人群、贯通首尔交通的一个重要途径。

受语言障碍的阻隔，我访学韩国一年期间，外出通常是搭乘地铁，仅仅是偶尔乘坐过几次公共巴士、不过，尽管如此，首尔的公共巴士服务仍然给我留下了相当深刻的印象。

这首先是公共巴士运行系统建设的合理与科学。2004年7月之前，首尔巴士系统分为城市型、坐席型和社区循环型三大类。这之后，开始实行新的系统，即建立起干线、支线、广域、循环线、微循环线的公共巴士综合网络。分别以车辆颜色和车型大小为区分标志。干线为蓝色，连接市中心与郊区；支线为绿色，循环局部地区，与干线和地铁线相连；广域为红色，市中心、次市中心连接首尔周围主要卫星城市；循环线为黄色，循环市中心，主要经过商务中心地区；微循环线为绿色小巴士，循环更狭小的局部地区。分层管理，各司其职，其结果是使得乘客合理分流，大大提高了运行效率。

在收费方面，也做得相当合理。不同性质的公共巴士收费标准各不相同。如干线、支线是一个价位，循环、微循环是一个价位，

井然有序的韩国交通

广域巴士又是一个价位。同时实行换乘优惠制度（公共交通综合计费制度），由巴士换乘巴士，巴士换乘地铁，在10公里以内，收费800元韩币（2007年4月起涨价为900元韩币）。10公里以上，每5公里加100元韩币。在基本区域10公里之内，最多可以换乘5次。这样，乘客就可以最经济低廉的价格，利用公共交通前往自己的目的地，使公共巴士真正成为了便利民众的代步工具。

首尔公共巴士运行机制建设的科学、合理，还反映为在它的路线代码制度。如干线实行3位数号码：始发站地区、终点站地区再加一位序号，所以，只需要看巴士号码，就可以知道出发站和终点站，像城北区代号为1，东大门区代号为2，那你若见到121路车，就会明白该车线路，是从城北区到东大门区的某一点。如此，即便是刚到首尔的访客，乘坐公共巴士也不至于两眼漆黑，一筹莫展了。

其次，是首尔公共巴士运行系统建设的畅通与快捷、方便与舒适。首尔公共巴士线路之多，两车运行间隔时间之短，这是中国国内任何一座城市都无法比拟的。以高丽大学所在的城北区为例，在一个不大的区域范围内，仅绿色支线车和微循环小巴士的线路就不知道有多少，比较保守的估计，也应该在30条以上。同时，各条线路的车与车之间的运行间隔时间也很紧凑，通常2～3分钟就过来一趟车。所以，乘客从不必为候车而花费过多的时间。另外，由于韩国人个人文明素质普遍比较高，自觉遵守交通规则，很少（不能说绝对没有）闯红灯的现象，因此，公共巴士的运行速度很快捷，丝毫不亚于私家车和出租车，甚至可以谈得上是到了“风驰电掣”般的程度。这样，也大大节约了人们出行的时间，享受到最迅捷的公共交通服务。

首尔的公共巴士运行，不仅快捷，而且舒适。由于公共巴士线路多、班次密、乘客科学分流，所以巴士通常很空敞，绝大部分时间里乘客都有座。像国内一些大城市里巴士经常被挤得水泄不通的状况，在首尔公共巴士上是几乎绝迹的。

举例来说，我曾数十次搭乘连接地铁6号线“高丽大学”站与地铁4号线“诚信女子大学入口”站的微循环20路小巴士，从来不曾见到过有人无座的现象。在首尔街头，你只要稍稍留意一下，就会发现，一辆公共巴士上只有三俩乘客乃是十分普遍的情况。在不少时候，你可以见到，经常有一些空无乘客的公共巴士在街上正常行驶，按程序停靠途经的车站。这看上去是韩国首尔的公共巴士经营者犯傻，不知道最大限度去赢取运行的利润，太没有经济头脑。其实，这么做，恰恰是践行了公共巴士的“公共”便民的基本宗旨，是韩国社会“和谐”、“有序”和“以人为本”特色的具体折射。

的确，首尔公共巴士运行系统的建设，体现的是真正“公共服务”性质。它当然也有最基本核计成本的底线（否则，就不会有2007年4月上涨车票价格的举措了），然而，很显然，它绝对是不会以牟利为根本目的的，不会汲汲于考虑行业自身小圈子的得失。否则，就无法合理解释它即使让空车在街上运行，也仍要遵循运行时刻表的现象了。这也多少从一个侧面反映了韩国的市政管理者，是具有尊重纳税人的基本意识的。

他们不可动摇的立场是：纳税人交纳了赋税，管理者就有义务做好公共服务事业，让纳税人真正享受到纳税后应有的权利。这才是真正意义上的“取之于民，用之于民”。可以想象，在韩国，恐怕很少会有用公款吃喝、拿公款旅游的行为。无怪乎，韩国人申报交纳个人所得税都不打折扣，因为他们在尽义务的同时也充分享受了权利，感受到了自己的奉献已从公共服务领域中得到了令人满意的反馈。而便捷舒适的城市公共巴士交通服务，仅仅是其中一个小小的窗口罢了。

最后，还要顺便提一下，韩国公共巴士的司机一般都仪容整洁，彬彬有礼，态度和蔼。他们穿西服，扎领带，气度“轩昂”，充满“朝气”，乘客不落座之前，绝不启动车辆；乘客到站下车时，他们会主动和乘客愉快地道说再见。一举一动，都呈现出良好的精神风貌和敬业的职场道德。这虽说是区区小事，但是无形中也成为了展示首尔这座现代文明城市的一张名片。这种韩国人的整体素质，你不服不行！

韩国的高校

韩国国土面积9万多平方公里，人口4000余万，相当于我们中国浙江省而略小。但是，就高等教育而言，它毫无疑义早已进入了发达国家的行列。大大小小数百所高校，遍布于全国各地，高中生升学率据说也已高达90%以上，高等教育很显然已完成了由精英教育到大众教育的转变。

一个国家的现代化标志之一，是其教育程度的普及、教育理念的先进、教育方法的科学、教育资源的开放。韩国在许多方面达到了欧美先进水平，这说明它已是一个既保留自己民族特色、又跟上世界潮流，与国际接轨的现代民主国家。换言之，仅就教育而说，它号称为“亚洲四小龙”之一，的确不是浪得虚名！

韩国的高等教育发达，不是偶然的。早在李氏朝鲜王朝统治时期，朝廷与民众就一致高度重视教育问题，遍布城镇乡村的“书院”设置，就是这种重教观念的具体体现。久而久之，便在全社会形成了耕读传家、尊师重道的传统。到了近现代，这种传统不仅没有淡化与中断，反而因民族独立自主意识的觉醒、实现现代化的追求而大大得到强化。

除此之外，韩国高等教育的发达，也得益于教育资源的开放，即办高等教育并不局限于政府或行政的单向渠道，而是全社会共同投入、共同参与的事业。这种全社会的参与性，表现为：公立与私立双轨并进，而以私立为主体。

韩国的高校，分为私立与公立两大类：公立中又分为国立与市立或道立。韩国政府在首尔、釜山等中心城市和各个“道”（相当于中国的“省”）各建有一所综合性大学，如在首尔，有国立首尔大学，在大邱有国立庆尚大学；同时还根据需要建有少量专业性的大学，像首尔国立教育大学。另外，道、市也根据当地发展需要与自身财力条件，建有市属或道属的综合性大学，像首尔就有市立首尔大学。

但在韩国高等教育界中，公立大学的数量只占很小的比例。大部分的高校都是私立的，包括号称韩国顶尖高校“SKY”中的“K”——高丽大学、“Y”——延世大学，也是私立高校。在首尔，其他稍有名气的高校，如西江大学、汉阳大学、成均馆大学、东国大学、建国大学、世宗大学、崇实大学、梨花女子大学、淑明女子大学、诚信女子大学、中央大学、汉城大学、庆熙大学、韩国外国语大学等等，也均为私立。民间办学，且其品质声誉受到全社会的认同与推崇，这样，就使得韩国高等教育摆脱了单纯依赖行政当局的困窘，走上了快速发展的健康轨道。

韩国高等教育发展上的全社会参与性，还表现为绝大多数私立高校都有一定的文化或宗教势力为后盾。如延世大学、梨花女子大学是基督教的背景，西江大学是天主教的背景，东国大学是佛教的背景。另外，像天主教大学、长老会神学大学、总神大学等等，一看校名，你也就知道它们后面的“金主”和办学宗旨了。

正因为如此，韩国许多高校，在立足与追求综合性的同时，也非常注重形成自己的文化特色，明确自己的学术旨趣与定位。如成均馆大学致力于传承与弘扬儒家文化，东国大学擅长于阐明佛学经典的精义，延世大学多西化的色彩，高丽大学多本土的特征。这样就使得韩国的高等教育呈示出更为多元的价值取向，也使得那些莘莘学子有了更广阔的选择余地。

韩国建国大学的标志性雕塑——铜牛

当然，韩国各个高校之间的教学质量、科研水平以及社会声誉是参差不齐的，甚至于可以说是有天壤之别的。而韩国民众和我们一样，也有强烈的“名校情结”。因此，每年的招生季节，有的高校是车水马龙，热火朝天，不少人为了跻身于其中，拼得两眼发直，神魂颠倒。有的高校则难逃“门庭冷落车马稀”，乃至于“门可罗雀”的尴尬。

据韩国友人相告：当下韩国应届高中生的高校选择志愿顺序为：有钱的以哈佛、普林斯顿、斯坦福、牛津、剑桥等欧美顶级名校为第一选择；无钱的以首尔大学、高丽大学、延世大学等韩国国内顶级名校为优先考虑；其次，韩国民众选择汉阳大学、西江大学、梨花女子大学、庆熙大学等次优国内名校为深造的对象。第三，就去日本、中国、新加坡等地著名高校读书学习。最后的无奈选择，就是进入韩国国内那些排名在后的高校混一张文凭。

据我有限的观察，韩国高校的社会化管理还是很有水准的。校园里的商店，虽然要赚钱，但还比较有分寸。这一点似乎较我们国内的高校做得好。在我们高校校园里，也有打着方便学生生活旗号的小商亭、小卖部，但里边商品的价格一定高于校园外商店的同类商品价格，同学们戏称这是“价贵物不美”，但人家开店的就是我行我素，让你“愿者上钩，自认挨宰”。这种情况似乎在韩国高校校园里比较少见。它商店里的东西价格一般与校园外商店里的东西价格上持平，甚至更低廉。如自动咖啡售货机上的一杯咖啡，校园外卖300元韩币，而校园里只售100元韩币。

长期以来，韩国的高校都是精英荟萃之地，民主自由的堡垒。在反抗朴正熙、全斗焕、卢泰愚军人独裁专制统治的斗争中，韩国高校的大学生们一直站在最前列，冲锋陷阵，出生入死。为韩国社会的转型，实现民主化，做出了决定性的贡献。历届当局对这些“闹事”的学生总是感到十分的头痛。想放手镇压吧，却老是受到美国人的掣肘，因而进退维谷，防不胜防，无法一步到位，从而使学生爱国民主运动的火种代代相承、久久不灭，形成所谓“野火烧不死，春风吹又生”之势。据说，当年高丽大学等高校的校园里，警察与学生对峙、冲突乃是常见的景观。

学生厉害，但当局也不是吃素的，也老是变着法儿给学生们添堵。国立首尔大学的迁址，就是出于这一动机的阴招。原来的首尔大学在首尔市中心，距离政府首脑机构很近，学生们动辄便上街，包围政府机构举行请愿抗议活动。虽说是“秀才造反，三年不成”，但学生们愤怒的脸老是在自己眼面前晃悠，也多少教人窝心和扫兴。于是乎，当局便碰头作出决策，来个釜底抽薪，将首尔大学迁出闹市区，远徙到江南落星垈一带。当时，那里还是一片荒凉之地，人烟稀少，你就在那边折腾吧，当局眼不见，心不烦。你若想要到闹市区来，我就做好准备，调动警察，甚至于进一步调动军队，盾牌、警棍“招待”，高压水龙、催泪瓦斯“侍候”，在半途上截住你们，以解除危机，“和谐”天下。

“舞榭歌台，风流总被雨打风吹去。”（辛弃疾《永遇乐·京口北固亭怀古》）韩国的民主化早已在朝野双方的理智妥协下得以实现，而当年学生的抗议骚乱也烟消云散，成为历史的陈迹。现在韩国的高校学生正变得越来越现实，他们只关心自己的学业，只关心今后的职场前景，至于政治，则再也懒得理睬。这应该是高校学生当有的生活常态。回归它，乃是回归学生的本色，回归美好的希望。

不同时期的高校，都有同一个宗旨：

为民司铎，弘大良知！

不同时期的学生，则有不一样的生活：

或以战斗走上奉献的祭坛，或以舒坦实现人性的超越！

遍地开花的博物馆

要知道韩国人对自己传统文化的钟爱程度，你只要看一看韩国全国到处都有的博物馆，也就可以大致明白了。

历史博物馆是韩国各类博物馆中的领军者，首尔有著名的中央博物馆，各个道、郡、市、乃至于面、洞，也都有自己的博物馆。它们一般都是综合性的历史文物展览，分别展示上至国家（中央博物馆），下至各郡、市（各级地方博物馆）的历史沿革、考古发现、主要历史文物，重现各个历史时期的重大事件，纪念与讴歌历史上的著名人物，让后人了解自己国家和所在地的历史发展全貌。这一属性，与中国的各类历史博物馆大致相同。另外，有些历史纪念场所，如位于首尔龙山的战争纪念馆、京畿道天安的独立纪念馆、忠清南道牙山市显忠祠内的遗物馆等，从性质上说，也属于历史博物馆的范畴。

各地的历史博物馆，根据其特定的历史地理背景，其介绍与陈列的内容也带有明显的地域特征。比如，你想比较全面而深入地了解和掌握新罗一朝的历史文化成就，仅仅参观首尔的国立中央博物馆显然是不够的，而应该前往庆尚北道的庆州市，它是旧时“新罗”（前57～935年）的首都，参观设在那里的国立庆州博物馆，该

位于首尔的韩国中央博物馆

馆展出史前时代、古新罗、伽耶文化圈以及统一新罗时代的各类文化遗产。到此一游，方可将新罗的历史一览无余，了然于胸中。与此同理，要知道百济的历史与文化，最好是去访问忠清南道扶余郡的国立扶余博物馆，那里虽展示史前时代至高丽时代的各种文物，但却以百济时代的文物为主体。

不过，我觉得韩国博物馆建设与展示中的最大特色，乃是它各类专业博物馆的门类之众，形式之多，内涵之盛，简直称得上是别出心裁，匪夷所思。

开设专业博物馆，是世界各国的普遍现象。韩国的不少专业博物馆，应该说是与世界接轨的，如济州岛上的甲荣电影博物馆、茶文化博物馆、民俗村博物馆，釜山的茶道博物馆，庆尚南道的固城恐龙博物馆，首尔西大门自然史博物馆、国立古宫博物馆以及各地的美术博物馆等等。

然而，韩国还有不少集中体现韩国民族传统文化不同主题的博物馆。它们名目之众多，主题之独特，教人叹为观止，大开眼界。韩国人爱吃泡菜，就有了泡菜博物馆，告诉你泡菜的由来、制作工艺、味道与营养的特点，形成了一个系统的泡菜文化概念；全州的伴饭有名，便出现了伴饭博物馆，向你详细介绍伴饭的做法、特色与历史；韩国人自以为在漫画艺术上的造诣不让日本诸国，于是京畿道富川市便捣鼓起一座“韩国漫画博物馆”；韩国人心目中把造纸术发明归作自己对世界文明的贡献（美国前副总统戈尔到了韩国也说奉承话，称“造纸术、印刷术是韩国带给世界的两大礼物”），于是全罗北道全州市就折腾出一家“泛亚洲纸张博物馆”；韩国举办过奥运会和世界杯足球赛，韩国人对此很自豪，这样顺理成章便有了“奥林匹克纪念馆”、“世界杯足球赛纪念馆”。

总而言之，服饰、鞋帽、用具、器皿、习俗，等等，只要与韩国民间生活带有一定关系、不无韩国自身特色的，就有博物馆（纪念馆），真的称得上是到了“无物不博，无物不馆”的程度。

韩国人在博物馆事业上的创意是层出不穷的，往往别开生面，令人啧啧称奇。

像京畿道龙阳市有“世中石头博物馆”，收罗着自新罗时代至朝鲜时代的1万余件石雕，展品包括了守护王陵和士大夫家墓地的文人石与武夫石，以戏剧化的夸张表情守护王陵的石兽像，守护村庄的“长丞”与“长杆”（在长杆或石柱上置放用木头雕刻的鸟雀，是韩国乡村的信仰对象），苦守等候丈夫归来的“望夫石”，等等。

又像济州道西归浦市有“Teddy熊博物馆”，展示Teddy熊等形态各异的可爱玩具熊。安东河回的假面具博物馆，收藏与展出韩国及世界各地的各种假面具，颇具特色（我曾在游览安东之旅中参观过这博物馆，并在那里购得工艺精巧的学者、两班、美女假面具留作纪念）。另外，还有自行车博物馆、裴氏传统酒博物馆等数不清名目的大大小小、千奇百怪的专题博物馆遍布于韩国并不广袤的国土上。

为了跟随与融入世界文明的潮流，吸引更多的年轻人关注和钟情博物馆事业，韩国在重点发展具有自身民族文化传统特征的专题博物馆的同时，也注重建设具有现代气息的各类专业博物馆。于是，“机器人博物馆”、“金融博物馆”、“留索里留声机爱迪生博物馆”、“韩流馆”、“无所不在梦想展示馆”等反映世界近现代科技与文化新趋势的博物馆，如雨后春笋般纷纷涌现，连韩国邮政总局的邮政事业，都有了一个别具特色的博物馆：“邮政总局递信纪念馆”。以首尔市的“无所不在梦想展示馆”为例，它的展示所体现的，就是信息时代的新面貌，为人们提供了一个可亲身体验最新IT技术的新天地。

这些情况显示，韩国的博物馆事业发展乃是全方位的，是传统文化结晶与世界潮流趋势的水乳交融般的结合，博物馆文化本身已成为了韩国文化的有机组成部分。

与国内各类博物馆常常乏人问津、门可罗雀的现象截然不同的是，韩国的博物馆，尤其是历史类博物馆则往往是人气旺盛、游人熙攘。2006年10月，韩国高等教育财团组织我们这批亚洲学者进行第一次文化旅游，其中一个项目是参观国立庆州博物馆。当我们到达那里时，所见到的景象，让人留下极其深刻的印象。这印象不是博物馆的展品内容，而是参观博物馆的人流，到处是中小学生，到

韩国中小学生参观国立庆州博物馆

处是人山人海。原来，这座博物馆早已成为了韩国大中小学校学生们毕业或参观旅行的必到之处。

据韩国友人告知，这些参观的学生，返校后都得撰写参观后的感受心得作为作业。这种有意识的依托博物馆为阵地的历史文化传统教育，在今天的韩国是非常流行的，它反映的正是韩国对年青国民爱国主义精神与民族文化弘扬意识培养的高度重视，可谓是进入了“随风潜入夜，润物细无声”的理想境界。

我们知道，从知识社会学的角度来说，学术研究领域所产生的新知识，必须通过一定流通和传播渠道，为社会所消费，完成知识的普及化过程，才能使新知识为社会所认可，取得影响社会的效果。史学研究成果的普及，是促成史学研究全面提升和良性循环发展的一个重要环节。而通过博物馆传播历史知识、弘扬民族意识，就是历史普及上最直观最便捷的方式之一。

为了普及与强化韩国民众的集体历史意识，韩国有关方面也有意识地做了许多配套的工作。除了美术博物馆等个别场所之外，韩国博物馆的门票大多低廉，国立中央博物馆、战争纪念馆等最大型的博物馆，门票也不过区区二三千元韩币（韩国人平均月薪为200万元韩币左右），学生与团体参访团还可以享受减免的优惠。国立中央博物馆甚至在每个月最后一周的星期六，实行免费参观，使更多的人可以现场接触国家的历史文化，感受先人创造的辉煌文明，激发起更强烈的爱国情怀与民族自豪。由此可见，韩国有关部门在博物馆建设方面，出发点是为了弘扬文化，而不是为了牟利。这种社会责任感，真的值得我们尊重与借鉴。

当然，韩国的博物馆事业也不是无懈可击。至少在我们这些中国学者看来，其展示的历史文化内容，有不少存在着妄自尊大的局限性，不一定合乎历史的真实。换言之，实具有比较狭窄的民族文化心理。在国立庆州博物馆参观时，我们看到一幅描绘统一新罗疆域的历史地理示意图，上面居然将新罗当时的疆域扩充了好几倍。按它的描述，则今天的蒙古、内蒙古、东北三省、山东半岛，乃至今天的长江三角洲地区，全都成了当时新罗国或为新罗国影响所笼罩的一部分，这显然是缺乏根据的杜撰。可是，它就堂而皇之张挂在展厅的墙壁上，给前来参观的韩国中小学学生们灌输着不怎么正确的历史观念与知识。

类似的情况，在国立中央博物馆等各类历史博物馆中也同样有所反映。像战争纪念馆有关韩战历史的叙述，就对朝鲜与中国人民志愿军一方不无偏见。至于把中国的四大发明移花接木粘贴到韩国的身上，将韩国在历史上的贡献作夸张性的歌颂等做法，则更是水银泻地般无所不在了。这种博物馆陈列内涵中的韩国自我中心膨胀，应该说是不尽理智、可待商榷的行为，难免对其广大国民——尤其是年轻人起某种误导的作用。

《孙子兵法》有云："夫智者之虑，必杂于利害。"从这个意义上讲，我们对韩国的博物馆文化，也必须辩证看待，应该有清醒的认识，千万不要在欣赏推崇的同时，忘记了它深层次中的某些负面因素的存在。

江华岛之行

说起仁川，稍有些国际历史知识的人没有不知道的，之所以会知道，就是因为那场著名的仁川登陆之战。当年，麦克阿瑟指挥联合国大军在此登陆，拦腰切断蜂拥南下的朝鲜部队，彻底粉碎了其战略进攻的部署，从而一举扭转了朝鲜战争的局势，堪称为战争史上两栖登陆作战的成功范例。

我是以研究历史为谋生的饭碗的，虽说主攻方向是中国古代思想史，但是，对那场影响乃至改变中国现代历史进程的朝鲜战争，也怀有浓厚的兴趣。如今，既然有机会来到韩国访学，那么，亲自到仁川一游，也是内心深处一个挥之不去的心愿，这也许算是读书人的一种通病吧，即：总喜欢凭吊古迹，抒发感慨。古人有云："人事有代谢，往来成古今。江山留胜迹，我辈复登临。"我一样无法免俗，尽管朝鲜战争早已过去半个多世纪了，半岛上也还未能完全摆脱战争的阴影（现在只有象征战争暂停的"停战"协议而不曾签署战争真正结束的"和平"协议，就是例证），但毕竟时过境迁，和平已是主流，合作才为主题。所谓的"如今四海为家日，江枫芦荻萧萧秋"，个别人的不和谐做法仅仅是支流、杂音而已。

然而，当我真的着手准备寻访仁川战场时，我发现自己的想法过于简单化，属一厢情愿，无的放矢。韩国的朋友告诉我，哪里还有当年仁川之战的丝毫痕迹或影踪？有的只是熙熙攘攘的人群，鳞次栉比的建筑、川流不息的车辆，莺歌燕舞的氛围。要想感受当年仁川之战的气息，只能降格以求，到首尔龙山的战争纪念馆。更何况，仁川市有偌大的范围，其地位与管辖的区域，相当于中国的一个省，除仁川地区外，还包括了江华岛、席毛岛、乔桐岛、长峰岛、矢岛、舞衣岛、八尾岛、灵兴岛、永宗岛（仁川国际机场就修建在这个岛上）等多个小岛屿，当年战事最激烈的月尾岛，也是仁川辖下的一个小半岛，可那里同样也不复有战争记忆的存在，一旦去了一定会失望，何况对于英语蹩脚而韩语不懂的人来讲，会感到交通很不方便，实在没有必要兴冲冲而去，郁闷无聊地返回。

当然，仁川还是值得一游的，只是要跳出凭吊仁川之战的心理定势，以单纯旅游的心态来对待它。很显然，仁川是座很有特色的港口城市，一直以来都是韩国的重要门户。港口城市的风情与活力，西海岸诸小岛的美丽与优雅，加上距离首尔最近的地理区位优势，使它成为名不虚传的旅游胜地。

喜爱韩剧的朋友更应该知道，不少的韩国电影、电视剧都是以仁川西海岸的诸多小岛为外景拍摄地的。如电影《醉画仙》、《时越爱》和电视剧《纸鹤》以席毛岛为背景地，矢岛成为电视连续剧《浪漫满屋》、《伤心恋歌》的外景地，电视连续剧《天国的阶梯》则以舞衣岛为外景拍摄地，等等，就是例证。

修正了游览的目标，我决定还是到仁川观光。由于没有了感怀历史的严肃与沉重，完全当作一次简单的观光，心里就有了真正的轻松与真切的愉悦。世间的事就是这样，牢牢抓着，不胜其烦；懂得松手，洒脱自在。

仁川太大，无法全部走遍，只能择其要者而一游。据别人介绍，仁川的窗口与代表乃是江华岛，江华岛上有祭奠大韩民族始祖檀君的摩尼山“堑城坛”，还有许多值得一看的历史文物遗址，如

江华岛的春天

青铜器时代的支石墓、高丽王宫旧址、传灯寺、广城堡等5个古堡、53个墩台等等。韩国人认为，这些古堡与墩台，所展现的是高丽时代历经39年抵抗蒙古入侵和朝鲜王朝末期抵抗西方外敌入侵的要塞面貌。总之，江华岛有历史，有文化，有景致，有格调；游览了江华岛，就等于鉴赏了仁川的精华，触摸了仁川的灵魂。

既然人们都推荐了江华岛，那么我就确定行程，目标定格为“江华岛”吧。

说起江华岛，其实刚到韩国时就曾有机会去览胜的。当时韩国高等教育财团曾组织我们这批访问学者去过一次江华岛，资助形式为“半自费”，即学者每人交1万韩币，不足部分则由财团包底。可我那天正好有其他事，就错过了这次机会，现在只能由自己掏足额的钱去弥补留下的缺憾了。好在懂韩语的X君也有兴趣去那里一游，正好结伴同行。否则，语言不通的情况下，我恐怕是没有足够的豪情与勇气独自前往的。

5月的一个阳光明媚星期天，我起个大早，赶到地铁6号线安岩站，与X君会合，先乘坐地铁转几次车后到达新川；在那里，换乘前往江华岛的专线巴士，又经一个半小时的车程，抵达江华岛的中心——江华郡汽车总站。在专线巴士上，我和X君临时修正了江华岛一天游的计划，决定放弃游览摩尼山的打算，游览比较容易到达的景点。

于是，我们一抵达，第一站就是去参观位于闹市中心的高丽宫遗址。高丽宫原为王氏高丽的王宫之一，王氏高丽王朝为李氏朝鲜王朝取代后，又成为朝鲜王朝的一个别宫，朝鲜王朝衰微后，则降格为“江华留守处”。人间沧桑，物是人非，如今的高丽宫早已没有往昔的荣耀与繁华，仅仅留下一处小小的遗址供后人凭吊。“西风残照，汉家陵阙”，我们只能在这里看到一个王朝的依稀背影。

公元14世纪，李氏朝鲜王朝取代王氏高丽，是朝鲜半岛上的一个重大历史事件。“宋受晋祚，司马遂为废姓；齐受宋禅，刘宗尽见诛夷”，改朝换代过程中，伴随的是血腥的杀戮，残酷的镇压。相传，韩国当今不少的姓氏，如全姓、玉姓等等，原来都姓王，但为了逃避新王朝诛灭九族的追杀，才改换姓氏，苟延残喘，留得一线血脉。当然，作为王氏王朝的核心成员——王室宗族，是没有这份运气的，他们都让新的统治者装上船，被哄骗说是放逐到外岛，行至茫茫大海上后，船只凿沉，葬身鱼腹了。如今，韩国首尔每年都要举行宗庙祭祀大典，我想这只是李氏的节日，全姓的、玉姓的韩国人应该有另外一种感受吧。

参观完高丽宫后，已是午餐时分，我们就在高丽宫附近的一家小饭馆内就餐，每人要了一份大酱汤，味道很特别，与首尔饭馆中的大酱汤有差异，也许这里的才是正宗的。

在进餐时，我们向店主人询问去广城堡的走法，被告知江华岛上公交系统不发达，建议我们包辆出租车去参观广城堡等景点。我和X君商量，一致认为这不失为好建议，就让店主人代我们约车，不一会儿，出租车就驶到饭店门口，店主人与司机用韩语交谈后，告诉我们，司机称可以带我们游历广城堡、传灯寺、支石墓等三个景点，最后送我们回到江华岛汽车总站，开价是5万元韩币。我们觉

江华岛无名勇士纪念碑

得价格还算公道，就成交了。

上了出租车，沿着江华岛上狭小但又洁净的公路疾驰，不一会儿就到了著名的广城堡。那是一个面对大海的军事防御要塞遗址，逶迤绵长的城墙，面向碧波万顷的海面，中心堡垒处，陈列着几门铁炮，参访的人流比高丽宫那边明显多得多了。据说它当年曾在抗击外敌入侵时发挥过一定的作用，如今还有纪念碑勒石铭记这段历史。

不过，绝大多数的人来这里，不是来缅怀历史，发思古之幽情的，他们更多的是为了在这里享受美丽的景致，放松愉悦自己的身心的。的确，在晴朗的日子里，这里碧波荡漾，海天一色，阳光灿烂，绿树蓝天，让人流连忘返。这也没有什么不对，人总不能老沉浸于对往事的慨叹之中，苍狗白云，历史上的风风雨雨，冥冥中自有定数，有时候真的应看淡一些、释然一些。“山外青山楼外楼，西湖歌舞几时休”，何曾不是一种对历史的旷达！

出了广城堡，回到出租车上，正感到有些口干舌燥，司机师傅似乎是心同此理般的，从车上小冰箱里掏出两听饮料让我们解渴。两听饮料数百元韩币而已，但他的做法，却让我们实实在在感受到普通韩国民众的淳朴与友好，双方的距离马上就拉近了。

车辆启动，我们向下一个目标——传灯寺前进。途中，司机打开了车上的音响设备，唱了一首韩国歌曲，然后把麦克风递到我们手上，希望我们也来一曲。我五音不全，且不懂韩语，更遑论韩语歌，只好敬谢不敏。X君会韩语，且嗓音条件不错，于是就能者多劳，唱了一曲。俪歌相和，给旅途平添了不少的乐趣，就在这样的气氛中，我们来到了传灯寺。

传灯寺是江华岛上最主要的佛教寺庙，也是韩国现存的最古老佛寺之一，于高句丽小兽林王11年（381年）建成，寺内建筑以大雄宝殿的雕刻和丹青最为精致。另一个重要文物，是大雄宝殿对面1.64米高的梵钟，相传为中国北宋哲宗（1097年）铸造，原置于中国河南省白岩山崇明寺，钟表面的几何图案精致优美，反映了当时中国高超的铸钟技艺。它后来怎么路远迢迢来到江华岛，文字介绍语焉不详，只能阙疑。

那天是星期天，寺内游人如织，香火旺盛。四处张灯结彩，且挂有鱼的模型，韩国的佛寺格局与布置与日本相近，灯笼高挂，鱼为吉祥物即为标志。这与中国的寺庙有所不同，似乎多了一层喜庆的色彩。看来，宗教传入各国后，都会形成自己的特色。

游览完传灯寺，本该到最后一个景点支石墓，但司机在车上

号称世界文化遗产的江华岛支石墓

临时提议，说多带我们去参观朝鲜王朝哲宗的外舅家。我们当然同意，并再次感受领略了他的热情。

哲宗外舅家是一处普通的韩国民居。据说，哲宗少年时曾蜗居

此处，就像当年西汉宣帝那样有一段流落民间的生活，对民间疾苦有比较亲切的了解与认识。他本当有所作为，可惜登基时朝鲜王朝已进入衰微的晚期，形势比人强，他自然有心无力，无法振衰起微了，所以历史上也并未听说他有多大的作为。

行程的最后，是参观江华岛上的支石墓遗址，韩国人对此很自豪，并把它申请成为世界文化遗产。不过，在我们这些考古外行人看来，实在不觉得有什么让人心旌摇曳的地方，不就是一大片地上供一块石枝搭建的墓槨而已。我想，绝大多数人的感受是我一样的，来此处参观的人寥寥无几也许就是证明。当然，优秀东西的价值不是人人都能认识到的，所谓“外行看热闹，内行看门道”就是这个道理。总之，精英与大众的审美观就是不同，谁让我是凡夫俗子一个呢！

「海东邹鲁」：韩国安东之行

位于韩国东海岸庆尚北道的安东郡，号称为韩国的精神文化之都，而它之所以能够荣膺这个尊贵的头衔，乃是因为那里是韩国历史上最杰出的儒学大师李滉（号退溪）的故乡和讲学地，也是迄今为止，全韩国范围内，浸染儒教文化最浓厚、保持传统文化最完整，反映民风世情最淳朴的一个地区。

在现代物质文明高度发达，整天面对着灯红酒绿、纸醉金迷无穷诱惑的今天，为了化解膨胀的物欲、消减内心的骚动、缓释生活的压力、回应心灵的困惑，人们在尽情享受着文明带来的各种成果的同时（最热爱传统的人在这方面也是“口头革命派”，绝不会放弃这种更便捷快乐的生活方式的），也不免频频回转过头去，向传统寻觅自己安顿精神、寄托情愫的方法。

这种价值取向的潜移默化、感化挹注，使得儒学文化保存最好、社会秩序一片和谐、民风习俗古风犹存的小小安东，成了许许多多韩国人心目中的“圣地”，被称誉为“海东邹鲁”、“邹鲁之乡”，并进而夸张成了所谓的“韩国精神文化之都”！

孔夫子有云：“天子失官，学在四夷。”百多年的反复折腾下来，我们自己国家的儒学传统早已经是气若游丝，奄奄一息了。

韩国第一大儒李滉(退溪)先生故宅

近几年来，虽然有不少人在那里为振兴所谓的“国学”大声疾呼、摇旗鼓噪，于是乎，“国学热”真的一浪高于一浪了，大学里“国学院”、“国学研究院”如雨后春笋般冒将出来，社会上“国学大讲堂”、“国学总裁班”似过江之鲫不可胜数，中小学开始在教学课程中尝试增加阅读传统文化经典的比重，连一些学龄前的儿童也戴上瓜皮帽、穿上小马褂在那里摇晃着小脑袋放声吟诵“人之初，性本善”。至于在海外文化交流中，“国学”一样成了强调中国特色、弘扬中华文化的重要话语象征，承担着文明对话的主要角色。季羡林老先生“三十年河东，三十年河西”说，若仅就“国学”近百年的遭遇而言，倒是十分贴切的比喻。

但是应该指出的是，“国学热”场面虽不乏热闹，但效果究竟如何，则依然有待于观察，而不宜轻易就下结论。现在有些人一提到国学，马上想到让小孩读经，穿着长袍马褂上课，穿着汉服唐装祭孔，这实际上真是把国学完全做歪了，正如当年郑板桥所指斥的那样：“读书必欲读五车，胸中撑塞如乱麻；作文必欲法前古，婢学夫人徒自苦！”只会南辕北辙，适得其反！假如我们文化里还有好东西的话，那是它的核心价值中还有超越时空的内涵，值得借鉴和继承，而决不能迷恋其“骸骨”，企图通过形式上的复古来面对现代生活的挑战。所以，在今天我们迫切需要的是怀着忧患意识来反思传统，真正挖掘传统中的好东西。

倒不如人家韩国，不事声张地保持和光大着真正纯正的儒学精神，机构祭宗庙，学界祀孔子，家庭敬祖先，尊卑重秩序，团队讲和谐，朋友尚诚信，老老实实、规规矩矩，有板有眼地一件件做；社会讲秩序，人际序尊卑，交往重礼貌，脚踏实地，身体力行，“随风潜入夜，润物细无声”般地一步步向前走。人家将过去的老师远远地抛在了自己的身后，成了“后进于礼乐，君子也”的典范，而安东则是这方面的一个样板。

这样的样板，自然很值得去实地专程考察一番，要知道，“夷狄之有君也，不如诸夏之无也”，“礼失求诸野”云云，这本来就是孔“圣人”的遗训。而作为访问学者，我们最大的好处就是“清闲”，有的是空闲的时间供自己自由支配。“不为无益之事，何以遣有涯之生”，猎奇的心理驱使加上有闲的时间保证，促使我们向这一年访学研究的资助方（我们私下称呼为“衣食父母”）——韩国高等教育财团——提出申请，希望追加“安东历史文化考察”为我们这些学者“韩国历史文化旅游考察”项目中的一项活动，财团方面十分理解大家的意愿，很痛快地答应了大家的要求，并积极提供了各方面的便利条件，于是乎，一次美好愉快的安东历史文化旅游便顺利成行了。

洋溢人性的佛教遗迹

严格地讲，我们这次安东之行，并不囿于安东一处，还包括了对其毗邻的荣州郡地面上诸多历史文化遗产的观摩参观；同时，文化考察的具体对象，也不仅仅局限于儒家文化的范围，还顺便捎带着参观了当地的诸多佛教寺院。《孙子兵法》上讲“以迂为直”，所以，关于这次安东之行，我们还是从外围说起，在正式端上儒教这道“正菜”之前，先来看看当地的佛教文化。

佛教在韩国影响极大，据统计，其信众几占韩国信奉宗教人数的一半左右，多达1000余万，与基督新教、天主教教徒平分天下。所以，“天下名山僧占多”，佛教寺院遍布于韩国各地，像庆州的通度寺、石窟寺、佛国寺，大邱的桐华寺，首尔的开运寺，束草的寺，江华岛的传灯寺，牙山的修德寺等等，就是笔者本人曾经探访过的著名佛教寺院。这次到荣州与安东，考察对象中同样少不了佛寺，原先计划到三处，即荣州的浮石寺（一名无量寺）和安东的清凉寺、凤停寺，后因天降大雨，道路湿滑，临时取消了爬山登临清凉寺的方案，最后只到了浮石寺和凤停寺两所。

与此前参观过的通度寺、传灯寺、佛国寺、修德寺等寺院相比，浮石寺与凤停寺并没有什么独到之处，其格局、规模、建筑，大同小异，看过一处，其他寺院的模样几乎可以类推想象。可是，这两座寺院还是给我们留下了比较特殊而深刻的印象。

这种特殊的印象，完全不是来自于它们的建筑风格或规模气魄。说句实在的话，若是论气势的雄伟，论景象的壮阔，论历史的悠久，它们根本无法与中国国内的许多寺院相比，而是由于它们身上所附丽的历史故事，使得其少了些许神圣的崇高，而多了不少富有人性、洋溢温馨的亲切。

荣州浮石寺和安东凤停寺的创建，据说都与新罗文武王时期（公元7世纪）的高僧义湘大师有关。相传，义湘大师青年时曾经渡海到中国修学研习佛教理论，其俊逸的风度、睿智的谈吐、非凡的学识、宽厚的为人，使得一位名叫善妙的年青女子芳心相许，对他萌生出刻骨铭心的敬慕乃至挚爱情愫。义湘大师是僧侣，但同时也是男人，人非草木，孰能无情，同样对善妙的一往情深有所触动。然而，僧俗相隔，咫尺天涯，两人终究难以跨越雷池，互表衷曲，一段美好无瑕但又归于绝望空寂的至真情感，只好深深地埋藏在彼此的心底。

数年过去之后，聪慧好学的义湘大师深谙佛理的精妙，修学有成，于是打点行装，准备重返自己的祖国。"黯然伤魂者，唯别而已矣"（江淹《别赋》）。由于担心离别之际触景伤情，出现彼此伤感、无法自己的情况，甚至动摇自己献身佛门、普济世人的信念，义湘毅然决然决定保密行期，悄然离去。真如徐志摩的诗所说："悄然的我走了，正如我悄悄的来。我挥一挥衣袖，挥手作别，不带走一片云彩。"

等到善妙终于得悉义湘不辞而别、返回故国的消息时，她多年来一直依赖强烈意志加以压抑郁结的满腔激情终于似火山一般喷薄爆发了。她再也无法保持少女的矜持，再也顾不得一切，发疯似的奔跑到大海岸边，只希望将自己的真情实感尽情地向所挚爱的人倾诉。可此时此刻，早已是“孤帆远影碧空尽”，哪里还有义湘大师的踪影！善妙痛不欲生，万念俱灰，遂一了百了，纵身跳入波涛汹涌的大海，用自己年轻的生命为这份无望的爱情殉葬。

韩国各地随处可见的佛教雕塑艺术

故事还远远没有完结。殉情身亡的善妙魂魄化作一缕轻烟、一脉精灵，不辞劳苦远涉重洋，悄然地来到了韩国。在那里，善妙的精灵暗地里追随在义湘大师的左右。而义湘大师本人回到自己的祖国之后，则锁住自己记忆的闸门，开始筚路蓝缕、披荆斩棘，全身心投入兴建寺院、弘扬佛法的事业。

在这个过程中，他与一恶魔相遭遇，双方短兵相接，进行了一场殊死搏斗。就在交锋最激烈的关头，眼见义湘大师力不能支，渐渐处于下风，善妙的精灵忧心如焚，遂化作一块巨石，从高高的空中飞速落下，将那恶魔砸死，拯救了义湘大师的生命，并为义湘修寺弘法扫清了障碍。

由于这块巨石的缘故，位处荣州地界的这座寺院就被称为了“浮石寺”，来纪念善妙与义湘的那一份情缘。浮石寺建成后，义湘感慨于世事的变幻、感激于善妙的挚情，决定为善妙那纯洁而美丽的灵魂作超度。他的超度方法很是别致，既非焚香馨祝，亦非诵经祷告，而是用洁白的纸折叠成一只栩栩如生的凤凰，并向碧蓝澄澈的天际放飞，希冀善妙的灵魂附丽于这只特殊的凤凰，随着她飞越那浩瀚的海洋，回归到自己的故土。

天高云淡，和风习习。这只白色的纸凤凰徐徐升空，飞向远方，飞呀飞，“五里一徘徊”，但终于不忍永别义湘所在的这块热土，最后停落在安东境内的一个地方，再也不愿继续飞翔了。义湘大师闻讯后追随而至，就在纸凤凰飘落之处兴修起一座新的寺院，这就是驰名全韩国的“凤停寺”的由来。

很显然，在闻名全韩国的佛教古刹浮石寺、凤停寺的身上，依附着一个美丽哀怨、委婉凄恻的爱情故事。佛门清净之地，居然津津乐道一桩超越时空的男女之情，这若在我们国人的眼里，恐怕多少会让人觉得不可思议：善妙少女怀春、情迷意乱，有辱闺秀之风；义湘六根不净，心旌摇动，简直有“花和尚”之嫌疑。

然而，韩国的民众却没有这种“冬烘”僵化的观念。在他们看来，这不仅不是佛门的耻辱，反而应该是一则崇高而美好的佳话。“芭蕉叶叶为多情，一叶才舒一叶生。自是相思抽不尽，却教风雨怨秋声。”（郑板桥《芭蕉》诗）义湘“乐而不淫，哀而不伤”，“发乎情而止于礼”，令人敬佩；善妙“问世间情为何物，直教人生死相许”（金代大诗人元好问词句），更使人唏嘘不已！所以，他们在介绍这些寺院的历史之时，总是坦坦荡荡、风霁月明地渲染这个故事，感动各位游客。“凤停寺”寺院内，还专门兴建了一座供奉善妙的庵堂，使这段感天动地的爱情绝唱永远伴随寺院，悠悠传播四方。

这样的境界，所透露的恰恰是韩国佛教中尊重人性，承认人情的价值取向。它不是高高在上，道貌岸然，不食人间烟火式的道德训诫，而是亲切平和、善解人意的心灵契合。而正是这种平民化、世俗化、人性化的亲和力，这才使得人们对它趋之若鹜，从而拥有了无数的善男善女信众。

儒教文化博物馆

英雄何必读书史，
直摅血性为文章。
不仙不佛不贤圣，
笔墨之外有主张！
——郑板桥《偶然作》

当中国学术界仍在对儒学的性质是“学”还是“教”，作无谓的笔墨之争的时候，人家韩国人可是要爽快多了，早早地把儒学升格成为了儒教。的确，孔圣人曾经说过“必也正名乎。名不正则言不顺，言不顺则事不成”；“悠悠万事，唯此为大”。先正了名再说，不必在概念名词上兜圈子，闹腾得云山雾嶂，乌烟瘴气，使寻常民众嘀咕困惑，无所适从，“无所措手足”！

安东是韩国儒学的中心，自然也是韩国儒教的圣地，人文荟萃，名流辈出，乡校犹存，书院林立。地方当局清醒地认识到自己这种独特的文化资源和文化优势，始终把保持和弘扬儒学文化精神作为当地社会建设与管理的一项重要举措来抓办落实。

安东儒教文化博物馆的设立，就是其文化战略实施过程中的一个主要环节。

其实，重视儒家文化，也不是安东特有的现象，韩国各地都一样。像荣州绍修书院就附设有绍修博物院，宣传表彰的中心内容也是儒教，供奉的也是孔子、朱熹以及李滉、周世鹏等中、韩两国的儒学代表人物。但是，就布展场面的宏大，布展内容的丰富，构思设计的缜密，宣传力度的强化而言，还得首推安东。而如果想在比较短的时间里了解和认识韩国的儒教文化，最佳的选择，就是走访参观当地的儒教文化博物馆。

安东儒教文化博物馆是由韩国国学振兴院创立的，2006年6月才正式开张，是迄今为止韩国国内唯一一家专门的儒教博物馆。它是一座颇具特色的四层楼建筑，据介绍，其总面积为2675平方米，除收藏库与共同设施外，纯粹用于展示的实有面积为1886平方米。

安东儒教文化博物馆为所有参观者提供了亲身体会韩国传统文化的核心，也即儒教文化的机会。它规模不算是太大，但布展主题鲜明、构思巧妙合理、内涵相当丰富，更重要的是，它具有显著的特色，即十分注重儒教的实践功能展示，而不过于拘泥儒教的理论性质罗列，呈示出平民化、通俗化、世俗化，形象生动，具体亲切，这正是韩国儒教文化自身特有民族个性的集中体现。

儒教文化博物馆共有八个展厅，其中六个普通展厅和两个专题展厅。无论是普通展厅还是专题展厅，其重点展示的内容都是以儒学的社会实践活动为主体，而不是着重于儒学理论形态的介绍。

在普通展厅中，除了第一展厅“相识儒教”的布展简明扼要地展示了东亚地区的儒教年表，介绍儒教文化的形成发展过程（这当然是以韩国儒学发展演变的源流与学脉为重点），其他的五个展厅，都是儒教具体而微的实践行为再现。如第二展厅“儒教与修养”，介绍的是儒教实践论出发点（通常所称的“功夫论”）的具体方法，通过实践场所模型“五伦村庄”以及《活人心方》等途径，使儒家一贯倡导的修身养性主张有了十分形象的展示。

第三展厅“儒教与家族”，集中展示的是作为儒教文化共同体实际基础的传统家族文化之方方面面，使有关家族形成、维持及分化的

位于韩国安东的儒教文化博物馆

历史得到相当完整的体现，“冠、婚、丧、祭”等礼仪形式及其实施过程有了形象的说明。

第四展厅“儒教与社会”，反映的是儒教在韩国社会生活水银泻地、无所不在的指导及其影响，像构成士人一天生活的动作模型、用韩纸工艺模型绘成的“书堂”与“乡约”、书院教学模型、科举制度解答等等，无乎是无所不包，一览无余。

第五展厅名曰“儒教与国家”，主要展现儒教在政治现实中的

作用及其表现，在这里，我们可以清晰地看到反映国家与儒教礼仪之关系的《王世子入学图帖》，可以了解到朝鲜时代官僚制度的各个方面，同时还能通过现代化的视听设施环视古代韩国的宫殿建筑艺术。

很显然，安东的儒教文化博物馆，其重点不在于具体诠释和展示儒教的基本学理，而是立足于介绍儒家原理如何在社会日常生活中的渗透和发挥影响；不是理论的概括和总结，而是实践的体现与真切的感悟。它让所有到这里的参访者，不必以仰视、膜拜的心态去远远观望高不可及的儒教原理，而能够以平视、融合的姿态去亲近具体生动的道德教化，从而巧妙地去掉了圣人大贤与凡夫俗子之间有形无形的生疏和隔膜，让儒教传统的传承与实践，真正成为了人们生活中的一部分。明代学者颜元指出："吾谓道之乱、道之亡，病根全在一说字。"（《四存编·朱子语类评》）强调："讲之功有限，习之功无已。"（《四存编·总论诸儒讲学》）毛泽东也曾经说过：让哲学从哲学家的课堂上和书本中解放出来。而安东儒教文化博物馆的布展宗旨，所体现的儒学文化实践精神，恰恰与颜李学派、毛泽东的理念不谋而合，殊途同归，这倒是一件非常有意思的事情。

在中国思想发展史上，知难行易与知易行难始终是诸多学人激烈辩论、莫衷一是的重要命题。如果拿中国国内的儒学文化传承与韩国安东的儒教文化博物馆的学术旨趣作一番比较，我们可以发现，中国的做法似乎更侧重于"知"的层面，把儒学儒教当作学理探索、研究的对象，执着于梳理儒学的理论体系，发覆儒学的微言大义。而韩国的情况则有所不同，他们更为关心和重视的，是促成儒家学理教义的世俗化、平民化、社会化，在实践操作的层面上，努力实现儒教基本原则的具体生活转换。前者可以说是文化的“大传统”，而后者则似可归入“小传统”的范畴。两者各有所长，亦各有其弊。

没有“大传统”作坚实基础，“小传统”就会流于平庸、浅薄；没有“小传统”作为厚重支撑，“大传统”就会陷入孤立、僵化。“阳春白雪”与“下里巴人”两者互为弥补，相辅相成，不可或缺。不过，就我个人而言，我更为欣赏的是，韩国的“小传统”做法。因为只有在千千万万胼手胝足的小人物都充分感化挹注于儒教精神、高度认同于儒教基本价值的情况下，那些精英们的“大传统”才能够获得最广泛的群众基础，才可以注入新鲜活泼的勃勃生机，使儒学真正成为人们日常生活中的思维模式和行为方式。否则，躲隐于象牙之塔里，一心一意钻故纸堆，那只能是被我们的社会所漠视，彻底走向边缘化。用一首流行歌曲的歌词来形容，就是“当孤单已成为一种习惯”，其结局必定会是“一个人的精彩”了！

风声雨声中的书院

感悟人生，
离不开参透历史；
解读历史，
依仗于体味人生。
古与今，
同一个钱币的正反两面；
得与失，
不一样命运的真幻组合。
字里行间，
与古人零距离亲密接触；
海阔天空，
和大众多维度真情互动。
就让我们——
由睿智，解开历史的结；
用理性，认准今天的路；
让光明，打开未来的门！

——题记

安东（也包括其毗邻的荣州）作为韩国儒教文化的中心，象征之一，就是书院。换句话说，人们提起安东，首先会联想到的，是那里许多著名的书院——绍修书院、陶山书院、屏山书院……从某种意义上讲，安东是韩国的“书院之乡”。

绍修书院地处荣州，是著名大儒周世鹏当年教授学生儒家学问的地方，从大范围说，它也可以纳入“安东书院文化圈”之内。

屏山书院，其前身是丰岳书堂，李氏朝鲜壬辰时期著名大儒、曾经在朝廷里担任过宰相之职的柳成龙一度在此处讲学。柳成龙在宰相任上，最重要的政绩之一，就是有识人用人之明，简拔了李舜臣等贤能担任文武要职，为朝鲜王朝击退日本丰臣秀吉的进犯，赢得壬辰之役的胜利，奠定了基础。由于这个原因，柳成龙在当时的朝野都享有很高的人望。其去世后，他的弟子们将此处改造发展为屏山书院，用来供奉柳成龙的牌位，并进行四时的祭祀。目前存在的主要建筑有福礼门、晚对楼、东斋（高年级学生的宿舍）、西斋（低年级学生的宿舍）、入教堂以及供奉柳成龙牌位的尊德寺（在安东河回民俗村中，有一处名为“永慕阁”的建筑物，也是纪念柳成龙的场所）。

该书院在公元1863年受赐朝廷颁发的“屏山”匾额，至今仍高高悬挂在那里。这说明，跟咱们中国一样，韩国古代的士子（即今天所谓的“知识分子”），也一样怀有与朝廷庙堂攀关系、套近乎的热切愿望，都以沾溉“圣上”的雨露恩泽为自己无上的光荣与骄傲，都怀有“仰天大笑出门去，我辈岂是蓬蒿人”、“朝为田舍郎，暮登天子堂”式的仕宦梦想，当然，也都少不了“如欲平治天下，舍我其谁也”、“但用东山谢安石，为君谈笑平胡沙”那种不知天高地厚的狂妄与自大。

没有办法，普天之下，儒生士人很少有不想进入体制与主流而成为专制国家机器上的一颗“螺丝钉”的。孔夫子不早就老实表明心迹：三日无官做，便“惶惶不可终日”嘛。而这些读书人一旦贴附上了这张“皮”，那也就只能出主入奴，充当现存统治秩序的辩护士和吹鼓手了。阿谀奉承，溜须拍马，歌功颂德，涂脂抹粉，写一些诸如“九天阊阖开宫殿，万国衣冠拜冕旒”之类无聊的东西，充当鲁迅先生所讲的“帮忙”、“帮闲”乃至“扯淡”的角色。“吃人家的嘴软，拿人家的手短”，这是时代的局限，也是读书人的悲哀！

在安东，最有名气的书院当然首推陶山书院。这不是因为它的规模比其他书院来得大，而是指它的来历最不平凡、最不简单：即它是一所由韩国儒家第一人李滉（李退溪）亲自兴办的书院。

陶山书院面对碧波荡漾、清澈纯净的安东湖水，左、右、后三面为郁郁葱葱的松树林所环绕，清幽寂静、空山鸟语，确实是一方静心读书、修身养性的胜所。其主要的建筑物，有当年退溪先生教育指导莘莘学子的陶山书堂，受业弟子居住的陇云精舍，退溪先生去世后其门生弟子陆续增建兴修的典教堂（讲堂）、尚德寺（供奉和祭祀退溪先生及其高足月川、赵穆的牌位之所）、光明室（珍藏退溪先生遗墨手迹与其他重要的儒家典籍之处）、东西斋（学生宿舍）、试士坛（举行“陶山别科”考试的场所）、藏板阁（收藏“陶山十二曲”刻板）等等。

李退溪在韩国历史上的地位，有如中国历史上的孔子，甚至还要更高——韩国最常用的面额1000元的纸币，就是以退溪先生的肖像作图案的。无论是在生前，还是在身后，李退溪都极受朝廷与广大民众的尊奉，于是他的当年讲学场外陶山书院也几乎变成了

韩国安东境内的著名书院——陶山书院

一个儒教的圣地，备受褒扬和推崇。李氏朝鲜王朝宣祖八年（1575年），当时最著名的书法家韩石峰秉承国君之命，为陶山书院专门题写了匾额，从此，陶山书院也被人们称之为“赐额书院”。这样的殊遇和荣耀，在韩国众多书院里属于独一无二。

古代韩国的书院，其主要功能有两项：一是课徒授教，二是祭拜典祀。自从近代西方教育体制被引入韩国之后，书院的第一项基本功能便渐渐从历史舞台上消逝，至今已不复存在了。但是，它的第二项功能——祭拜典祀，却依旧悄然在延续。

毫无疑义，书院是韩国社会中保存和发扬儒教文化的大本营。它用儒学的基本原理教育和培养了一代又一代的士人。既为国家政权输送了大批熟悉儒家典籍、秉承儒家传统的行政管理人才，又为社会提供了众多从事儒学教育、推广儒家文化的普通知识群体，为儒教文化在整个韩国社会的全面推广与弘扬光大奠定了坚实的基础。而它平时以儒家礼仪程式为行为准则的各类祭祀活动，也为整个公众社会提供了儒教文化实践上的具体范式。从这个意义上讲，没有书院的薪火相传、一脉维系，就不会有今天的韩国社会儒教文化的普遍存在，蔚为大观。

正是由于这个缘故，书院在韩国历史上曾经盛极一时，蔚为大观。据相关资料显示，在李氏朝鲜王朝后期，全国各地大大小小的书院居然多达一千余所。这几乎是一个让人咋舌的巨大数目：要知道，当时整个朝鲜王朝的辖境（包括今天的南北朝鲜也不过是20万平方公里左右而已），在这种情况下，说是当时的朝鲜乡乡都有书院，近乎遍地开花，人人埋头苦读，处处弦歌不绝，也不会有任何的虚饰和夸张。韩国的儒教文化之昌盛，于此亦可以管中窥豹、略见一斑了。

不过，就像今天中国高等学校疯狂扩大招生带来数不清的后遗症的情况一样，韩国当年书院过多过滥，也不可避免造成一些弊端。据相关资料介绍，其主要原因，是入书院研读的士人可以蠲免赋税徭役。书院过多，导致生产第一线的青壮年劳动力严重流失；而众多士人免赋免役，又使得国家府库收入遽减，财政运作左支右绌，捉襟见肘。总之，书院的泛滥，在很大程度上，成为了资源相对贫瘠、人口并不充裕的韩国经济的一个沉重包袱。

此外，我个人还有一个大胆的推测（套用法律的名词，即审案法官的“自由心证”）：全国各地书院过多，直接的结果是导致符合做官条件的士人数量以几何级数迅捷增长，可朝廷和地方所能够提供的官职却是一个萝卜一个坑，毕竟相对有限，于是遂使得相当多数量的士人丧失了顺利入仕为宰的渠道（就如同今天国内大学疯狂扩招，导致大批本科生、研究生乃至博士生毕业无人问津，工作一职难求，整天坐拥愁城、一筹莫展的情况一样），根本看不见升官发财的光明前景。“天子重英豪，文章教尔曹，万般皆下品，唯有读书高。”这时却再也“高”不起来、“牛”不起来了。

要知道，能够进入“采菊东篱下，悠然见南山”这种境界的读书人实在属于凤毛麟角。“风声雨声读书声，声声入耳；家事国事天下事，事事关心”，固然不错，但立足点还是先落在解决生计问题，满足个人利益上。

利禄是最最有力的政治杠杆，古今中外，恐怕没有例外。朝廷向嗷嗷待哺的儒生敞开利禄大门，腾出官位，悬挂厚禄笼络、利用儒生，儒生中能够头脑清醒，把持住自己的实在没有几个，各色人等均摇曳着儒学这面金字招牌，一窝蜂地涌入利禄之门，投机钻营，猎取富贵。在绝大多数儒生的眼中，自己是否有出息，是否能收回人力财力的投资，便看能不能“明经术”、“通一艺”，一旦有了这点能耐，那么跻身于学官队伍领一份干薪，或者坐高堂，抽签子打草民的屁股也就胜利在望、指日可待了。“士病不明经术，经术苟明，其取青紫如俯拾地芥耳。”（《汉书·夏侯胜传》）

所以，书院里，老人家唾沫横飞用心地教，年轻人悬梁刺股拼命地学，但正如友人王晓毅教授所指出的那样：神圣的道德教化一旦同升官发财捆绑在一起，会立即发霉变质换了滋味。所以，书院泛滥成灾，“僧多粥少”的结果可以预知，一旦读书人失去了通畅的入仕途径，那么，他们就会成为游手好闲的一群，就不免无事生非。所谓“儒以文乱法，侠以武犯禁”（《韩非子·五蠹》）的现象则在所难免。呆在家里就不免怨天尤人，舞文弄墨，讥讽领导；聚在一起就不免大发牢骚，议论政治，指斥朝廷，给社会政治的稳定和统治秩序的和谐带来不怎么“稳定”的因素。

“天下有道，则庶人不议”。基于增加赋税收入、改善国家财政状况，尤其是有效消除读书人放言清议、批评时政以至于破坏社会稳定等因素的考虑，大院君曾在19世纪后期下达命令，撤销了全国一千多所书院中的绝大多数，只象征性的保留了寥寥几十所书院。当然，像安东的陶山书院、屏山书院，荣州的绍修书院这些龙头老大式的样板书院，都是在保留之列的。看来，任何事物的发展都得有个限度，过多过快总是会走向自己的反面，即便是像书院这样的儒教文化传承基地，其存在和发展，也不能违背这个一般的规律！

即便如此，韩国民众对他们的书院文化还是充满着自豪乃至自傲的情绪，尤其是前些年孔子第七十七代裔孙孔德成到韩国安东访问后，挥毫留下“海东邹鲁”、“邹鲁之乡”等题词的举动，更让他们欣欣然，有些喜不自胜、忘乎所以了，认为儒教文化的传承与

孔子后裔孔德成为安东题署的“邹鲁之乡”碑碣

弘扬独独在韩国一地了，大唐衣冠、汉官威仪也只有在韩国的土地上才可以得到再现!

一位韩国当地中年妇女在尽义务向我们介绍了屏山书院的历史沿革、书院的基本功能以及书院文化在韩国社会生活中的作用与影响之后，又有意无意向我们提出了两个问题，一是询问我们怎么看待孔子第七十七代嫡孙有关安东为“邹鲁之乡”的评价与期许？二是提问中国现在是否还有书院、情况怎样、中国人又怎么看待书院文化?

我们这些中国教授并不笨，她的潜台词当然听得出来。她无非是暗喻你们中国早已自动放弃了书院的优良传统，书院文化只是在韩国独得其大，独得其传。这当然是韩国人特有的韩国式“自大与自囿”（南开大学王先明教授语），很难让我们这些参访者苟同。于是，我们告诉她，由于种种原因，书院文化在中国虽然不如韩国这样的普及，但也并未绝迹。事实上，具有千年以上传承历史的长沙岳麓书院、庐山白鹿洞书院、河南嵩阳书院、睢阳应天书院等等，“其气势与规模、其文脉与神韵，又怎得几个小小的绍修书院、屏山书院可比”（王先明教授语）？

不过话虽这么说，与韩国民众对儒教文化的真诚与呵护相比，我们自己对祖宗留给我们的文化遗产的忽视和慢待也是不争的事实，即便是岳麓书院这样的书院典范，在今天似乎也成了旅游资源，以每年门票收入达1300万元之巨而沾沾自喜。“人必自侮，然后人侮之！”所以，与其厌憎与责怪人家的自大与自囿，倒不如老老实实地反省自身的不足，清醒地看到自己和人家的差距。但是，当下的社会并没有这种强烈的忧患意识，恰恰相反，当今社会充斥着急功近利的虚妄心态。

君不见，几曾何时，国人们就让中国和平崛起的美好希望激动、振奋得有些找不着北了，于是乎“盛世”的高调开始充斥于各种媒体。上海某大学一位教授更口沫横飞、言之凿凿地宣称：目前的中国正处于五千年历史上最大的“盛世”！言外之意，不外乎多年行之有效的“韬光养晦”之类的战略方针，已可以丢到爪哇国里，是到该歌舞升平、到处出头、与超级大国较劲叫板的时候了。

今天的中国，是不是“五千年来最大的盛世”，这属于见仁见智的问题。我想，要害并不在于所谓的“盛世”降临是否已经成为现实，而是社会上普遍弥漫的“盛世”情结，正如滚雪球似的越来越大，其所带来的偏执自大、盲目乐观、忘乎所以等浮躁心态，使得大家沉醉于天下第一的光荣想象之中，不知道天有多高，地有多厚，乃至有可能迷失了走向理想彼岸的方向！

总而言之，我们必须明白一个最基本的道理：讳疾忌医，固步自封，坐井观天，夜郎自大，永远是一个民族进步的大敌，崛起的罩门！

歧路彷徨：儒教文明向何处去

平时读报看资料，知道韩国基本上已经实现了现代化，而现代化的主要标志之一，是城市人口的剧增和农业人口的锐减。就以韩国为例，它整个国家的城市人口已占全国总人口的百分之九十以上，而广袤辽阔的农村地区的人口，则不到全国总人口的百分之十。在人口结构上，年轻人绝大多数都千方百计通过各种渠道涌入了首尔、釜山、仁川、大邱、大田等大、中城市，而留守农村故土的，面朝青天背靠黄土，“日出而作，日入而息”的，大多只是一些老人与妇孺。

当然，这种理论上的印象和概念，只有亲身到韩国的农村地区走上一回，才能够获得感性具象的证明。这次安东之行，就给我和我的同事们提供了这样的一个机会，让我们从一个小小侧面近距离感受了世界各国所普遍面临的现代化过程中农村“空壳化”问题。

驱车在奔赴荣州、安东的高速公路上，丘陵绵延起伏，绿树耸立成阴，田野平坦，宛如绿色的绸缎；河溪弯绕，恰似亮丽的彩带。细雨濛濛，空气中飘浮着沁人心脾的清香；云霭沉沉，林木丛中传来清脆悦耳的鸟鸣。但就是一路上很少见到车辆和行人，即使是在十分著名的河回民俗村参访，偌大的一个村子里，也没有见到几个当地的村民。“落花满路无人惜，踏作花泥透脚香”（杨万里《小溪至新田》），真的让我们有了一次远远离开城市的喧闹，亲近自然的一个机遇。

“万里归船弄长笛，此心吾与白鸥盟”（黄庭坚《登快阁》诗句），从更深的层次去忖思，我们也多少明白了一个道理：建立在农耕文明、自然经济基础上的儒教文明，也只能与安东这样的环境和氛围取得和谐、取得契合。它的悠然自得，它的诚实淳朴，是根本无法适应日趋激烈、充满竞争的当代社会生活的基调和节奏的。

据韩国高等教育财团的朋友行前介绍，安东乃是韩国全国范围内经济最不发达的地区之一。我们驱车经过安东的闹市区，发现他们所说的的确是个事实：一座城市的大街两侧，都是比较简陋的二三层楼房子，没有摩天入云的高楼大厦，也没有灯红酒绿的巨大诱惑，一切都是那么的质朴和自然，一切都是那么的安详和宁馨。入安东的饭馆就餐，当地最有名的一道菜“安东煮鸡”，其分量之大、价格之低，都教人有些难以置信！不能不为安东人的重义轻利、古道热肠而喟叹不已！这一切，往好处讲，是田园牧歌式的宁静，而朝坏里说，则是老牛破车式的落伍！

在安东地区，有不少保持着完整的儒教传统的宗宅，比较著名的有重建于1929年的李退溪宗宅，老山金氏礼安派嫡裔居住的乌川遗址，朝鲜王朝时期著名学者鹤峰金城一的鹤峰宗宅，位于河回民俗村之内的柳成龙宗宅（忠孝堂）和柳云龙宗宅（养真堂）以及我们这次游览安东期间入夜下榻的耷岩宗宅，等等。

这些宗宅就像是沉默不语的证人，伫留在那里作为民间社会传承儒教文明的纽带和象征。典型的民族建筑风格，大量的先辈遗物，叠床架屋的典籍图书，珍贵稀罕的手迹草稿，让参观者感受到

位于河回民俗村的柳成龙宗宅(忠孝堂)

的是扑鼻而来的书卷气。在其长满茵茵芳草、盛开绚丽鲜花的庭院中伫立片刻，你便可以暂时忘掉人世间的烦心之事，为自己得以回归心绪的安宁，找到自然的本色而滋生出由衷的欣幸！因为从道的自然状态讲，世间万物，千奇百怪，什么形态都有，一个人有一个人的活法，幸福没有统一的衡量方法，而是自我感受、自我感觉，不能强求一律，并不是物质生活越好、官位越高，心理就越和谐。当然，幸福也不能是完全的精神因素，不能缺乏基本的生活保障，如果饭吃不上，病看不上，那根本谈不上幸福。

可是，如果再追问自己一句，真的在这样的环境里长年居住，彻底回归“方宅十余亩，草屋八九间。榆柳荫后檐，桃李罗堂前。暧暧远人村，依依墟里烟，狗吠深巷中，鸡鸣桑树巅”的生活，使“采菊东篱下，悠然见南山，山气日夕佳，飞鸟相与还，此中有真意，欲辨已忘言”这一境界成为现实，你愿意吗？恐怕其答案只会是否定的。是的，人可以留恋过去，但却永远无法退回到昨天；人可以抱怨现实，但却永远不会放弃今天；人可以有梦想，但却永远必须面对现实——这其实是一个悖论。

再一个悖论是，难道儒教文化传统的保持和弘扬，就得以牺牲经济的发展和繁荣为前提或代价，就像今天韩国安东的局面一样？固然，现代化进程也给我们带来了不少新的问题，迷惘与困惑，如影随形，遗憾与抱怨，漫无边际。但是，换一个角度发问：这难道意味着要淳朴就必须闭塞？要优雅就必须滞后？守望过去就等于放弃未来？拥有传统就等于排斥变革？要知道，“田园牧歌”式的传统社会，这仅仅是一些人的虚幻想象。实际生活中，“一切皆流，一切皆变”，正如古希腊杰出哲学家、爱非斯学派创始人赫拉克利特所说：“人不能两次走进同一条河流。”所以，我们传统的文化、现代的概念也要与时俱进。无论是哪种文化，都不可能简单的融入现代文化，更不可能简单地转化为现代文化，一个是农耕文明的文化，怎么能等同于信息社会的文化？

尽管在我们中国人看来，安东地区的农村已经相当发达了，早达到了我们常说的“新农村”标准，然而，就韩国全国范围而言，安东的的确确是处于经济发展的下游位置。这样，儒教文明对于安东又究竟有多少正面的意义（这同样是给那些整日吵吵嚷嚷要在当今中国推行儒家王道政治的人出了一道不大不小的难题）？是否应该在看到传统是宝贵的遗产与资源的同时，也要换个视角进行思考，认识到传统同时也是一个沉重的包袱，是否应该睁眼看世界，忍痛割舍它，使自己更快地融入时代的滚滚潮流，走出一片全新的天地？

是“率由旧章”？抑或是“器唯求新”？这的确是一个问题！

代跋

在韩国高等教育财团欢送宴会上的答谢致辞

尊敬的金载烈总长：

尊敬的韩国高等教育财团诸位小姐、先生：

尊敬的在座各位学者：

女士们、先生们：

晚上好。

被指派作为中国学者的代表，在欢送宴会上答谢致辞，我倍感荣幸。在此，请允许我代表在座的全体中国学者，向金总长和韩国高等教育财团致以崇高的敬意，对财团为我们举办这场隆重的欢送晚宴表示衷心的感谢！

光阴似箭，一年前我们千里迢迢来到韩国，一年后我们又要收拾行装告别韩国。回国是高兴的，但离别却是感伤的。临别之际，这一年的工作经历、生活细节一一涌来眼前，使人感慨良多、回味无穷。这种感受，千言万语不足以表达，我个人的归纳，就是六个字，三层意思。

第一，收获。一年中，对我们每位学者而言，都有很大的收获：完成了各自的研究报告，实现了预定的研究目标；搜集了大量的资料，为日后教学与科研的开展创造了条件；利用韩国资讯开放和网络自由的优势，掌握了更丰富的信息；通过参观名胜古迹和观摩文化活动等途径，了解了韩国的历史文化与社会风情。小的方面就更多，譬如，女学者购买正宗韩国时装、“雪花秀”等化妆品，使自己变得更年轻、更漂亮，我自己则是成功减肥10公斤，暂时丢掉了高血压、高血脂、高血糖三顶帽子。当然，最大的收获，是我们近距离、面对面感受了韩国的独特文化、繁荣经济、安宁生活、和谐社会，感受了韩国民众对中国的热情与友好，培养了我们对韩国的亲切感情。应该说，这一年过得充实，过得愉快，是硕果累累，满载而归。

第二，感谢。俗话说，“饮水毋忘掘井人”。我们能在美丽如画的韩国度过愉快充实的整整一年，应该归功于韩国高等教育财团。韩国高等教育财团多年来推行国际学术交流项目，是一个具有战略前瞻眼光的重大举措，它为亚洲各国学者开展交流提供了广阔的平台，也为增进中韩之间的友谊创造了有利的契机。在这一年里，财团在工作、生活、观光等方面，对各位访问学者给予了无微不至的关怀与帮助，使我们感受到“宾至如归”的亲切与舒适。中国传统美德中有一个重要原则，就是要对他人的恩泽怀有感恩之心。所以，我要乘此机会，向金总长和财团各位小姐、先生表达发自内心的感谢，并把这一切牢牢铭记于心。

第三，期待。“天下无不散的筵席”，一年的访学就要结束，但我觉得，这只是形式上的，实际上我们的合作与友谊才刚刚开始。因为通过这一年的工作与生活，我们对韩国已留下美好的印象，培育了深厚的感情。我不敢担保，这些学者都会因此而成为“亲韩派”；但相信大家都至少程度不同成了“知韩派”。这就为日后增进友谊、展开新的合作奠定了坚实的基础。所以，我期待今后韩国高等教育财团在各方面对我们这些学者继续予以关怀和支持，也期待我们中间有更多的学者从事有关韩国以及中韩关系的研究，更期待大家一起努力，为增进中韩交流与友谊，尽自己的一份力量。

最后，祝韩国高等教育财团事业昌盛、成就卓著！

祝金总长、财团诸位小姐、先生身体健康、生活幸福！

祝各位学者和家人们归途愉快、工作顺利！

谢谢大家！

图书在版编目（CIP）数据

悦读韩国：访学归来话韩国 / 黄朴民著．—济南：齐鲁书社，2011.1

ISBN 978-7-5333-2423-0

Ⅰ．①悦… Ⅱ．①黄… Ⅲ．①随笔－作品集－中国－当代②韩国－概况 Ⅳ．①I267.1②K931.26

中国版本图书馆 CIP 数据核字（2010）第 129599 号

悦 读 韩 国

——访学归来话韩国

黄朴民 著

出版发行	齊魯書社
社　　址	济南经九路胜利大街 39 号
邮　　编	250001
网　　址	www.qlss.com.cn
电子邮箱	qlss@sdpress.com.cn
印　　刷	山东人民印刷厂
开　　本	720×1020/16
印　　张	15.25
插　　页	3
字　　数	184 千
版　　次	2011年 1 月第 1 版
印　　次	2011年 1 月第 1 次印刷
标准书号	ISBN 978-7-5333-2423-0
定　　价	26.00元